Trucs cool

pour FILLES BRANCHÉES

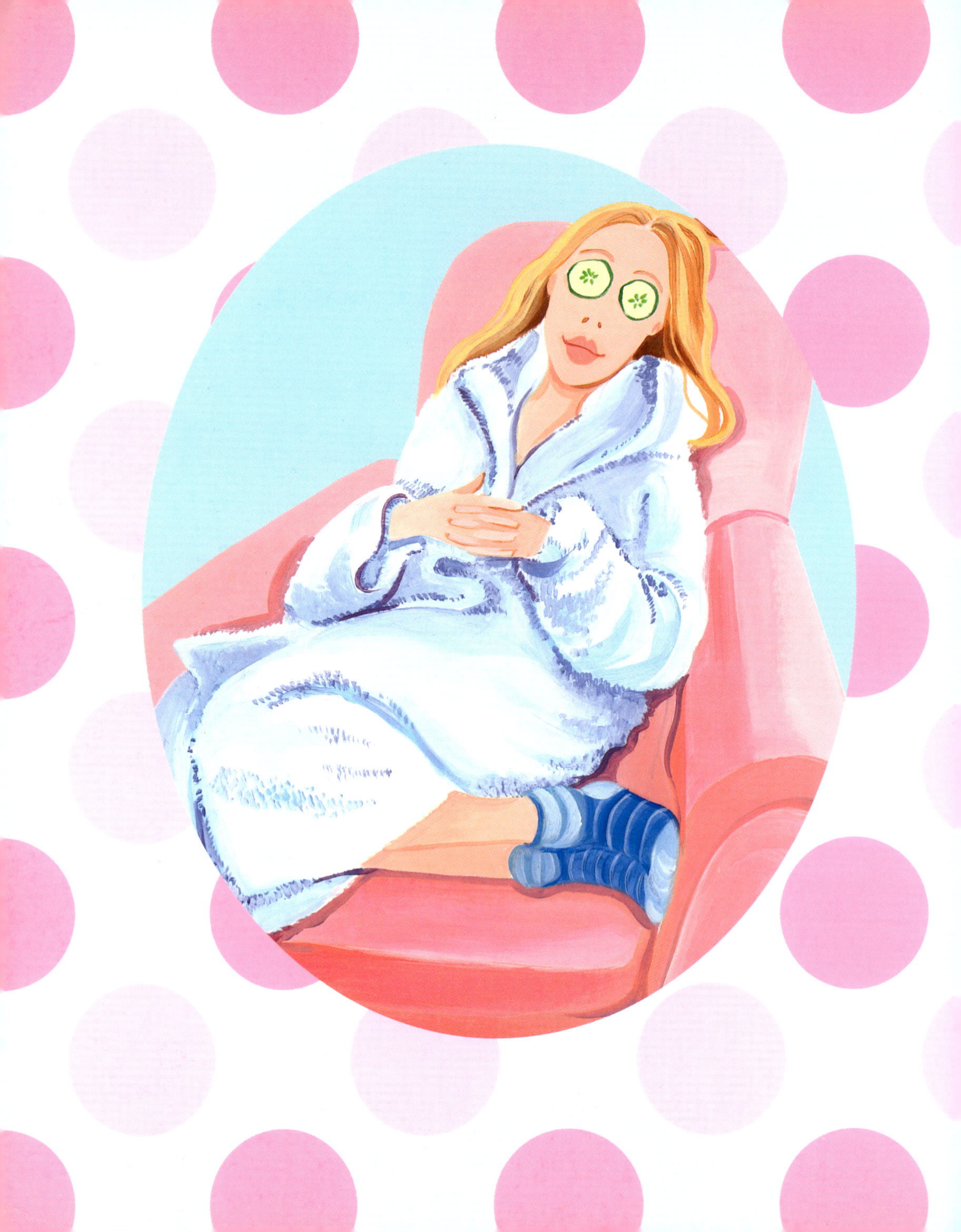

Leanne Warrick

Trucs cool

pour FILLES BRANCHÉES

recettes fabuleuses, divertissements,
magie et quiz super branchés

Broquet

97-B, Montée des Bouleaux, Saint-Constant, Qc, Canada, J5A 1A9,
Tél.: (450) 638-3338 / Télécopieur: (450) 638-4338
Site Internet: www.broquet.qc.ca

Catalogage avant publication de Bibliothèque et Archives Canada

Warrick, Leanne

Trucs cool pour filles branchées

(Filles branchées)
Traduction de: Chillin' trix for cool chix.
Comprend un index.
ISBN 2-89000-690-5

   1. Adolescentes - Loisirs - Ouvrages pour la jeunesse. 2. Adolescentes - Santé et hygiène - Ouvrages pour la jeunesse. 3. Soins de beauté - Ouvrages pour la jeunesse. 4. Jeux d'intérieur - Ouvrages pour la jeunesse. I. Titre. II. Collection.

GV183.W3714 2005   j790.1'922   C2005-940631-3

Pour l'aide à la réalisation de son programme éditorial, l'éditeur remercie :
le gouvernement du Canada pqr l'entremise du Programme d'aide au Développement de l'industrie de l'Édition (PADIÉ) ; La Société de Développement des Entreprises Culturelles (SODEC); L'association pour l'Exportation du Livre Canadien (AELC).
Le gouvernement du Québec - Programme de crédit d'impôt pour l'édition de livres -Gestion SODEC.

Copyright © 2005 Breslich & Foss Ltd
Textes par Leanne Warrick
Illustrations par Debbie Boon
Photos de la page 87, courtoisie de Janice Wendell
Photo d'Audrey Hepburn en page 95 copyright © Bettmann/CORBIS
Toutes les autres photographies sont l'oeuvre de Shona Wood

Pour l'édition en langue française :

Copyright © Ottawa 2005 - Broquet Inc.
Dépôt Légal - Bibliothèque nationale du Québec
2e trimestre 2005

Traduit et adapté par Anne-Marie Courtemanche
Révision : Denis Poulet, Marcel Broquet

Remerciements spéciaux aux filles branchées du groupe de consultation auprès d'adolescentes de Watson-Guptill pour leurs idées, leurs commentaires et leur enthousiasme.

Imprimé en Chine

ISBN: 2-89000-690-5

Tous droits de traduction totale ou partielle réservés pour tous les pays. La reproduction d'un extrait quelconque de ce livre, par quelque procédé que ce soit, tant électronique que mécanique, en particulier par photocopie, est interdite sans l'autorisation écrite de l'éditeur.

Contenu

Vaincre l'ennui pour toujours!	6
Quiz atout	8
Métamorphose ton style	28
Décoder l'avenir	42
Le royaume des grignotines!	66
Créations artisanales	85
Index	96

Vaincre l'ennui pour

Détestes-tu toi aussi ces journées où il n'y a *rien* à faire ? Tu t'ennuies tellement que tu en pleurerais ; croyant que ton destin est de regarder dehors ou de t'installer devant la télé toute la journée. Ne cherche plus, car ce livre déborde d'idées tellement branchées que tu ne sauras laquelle choisir en premier !

Soumets-toi à un de nos quiz révélateurs conçus pour t'aider à découvrir qui tu es réellement, adopte ensuite le rôle de la diseuse de bonne aventure et apprends à prédire l'avenir. Ta chambre est sens dessus dessous ? Tu ne trouves rien d'intéressant à porter ? Nous te montrerons

toujours !

comment faire subir, aussi bien à ton espace qu'à toi-même, une métarmophose aussi spectaculaire qu'un tourbillon de vent. **Affamée ?** Il existe de nombreuses recettes énergisantes, aussi délicieuses que faciles à réaliser. Et si tu recherches un défi bricolage, tu trouveras plusieurs projets aussi mignons que faciles à exécuter.

 Conserve ce livre à portée de la main. **Tu ne passeras plus jamais une journée à te tourner les pouces. Tu peux aussi bien y plonger avec des meilleures amies que t'offrir ce plaisir, juste pour toi.** D'une façon ou d'une autre, amuse-toi !

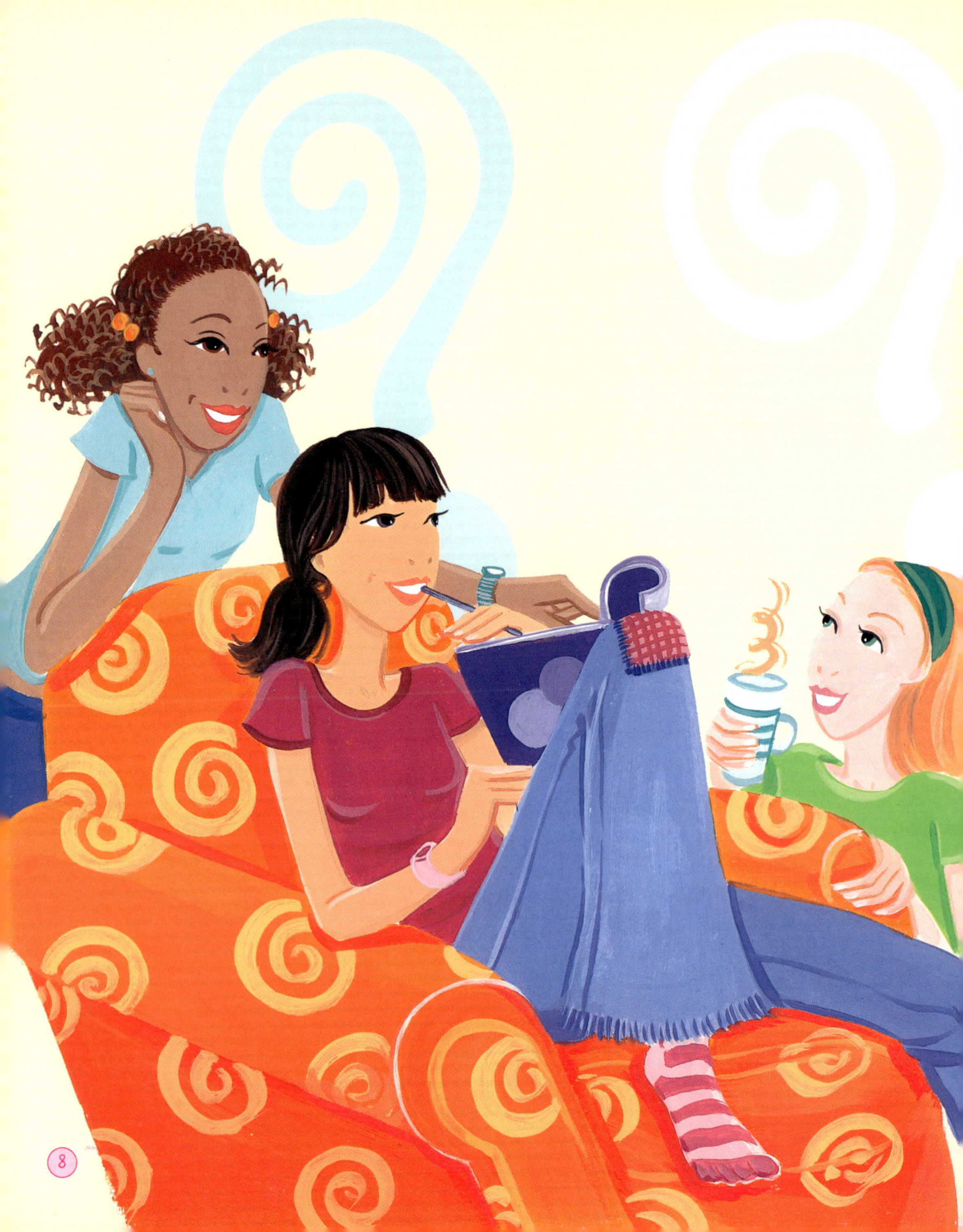

Quiz atout

N'as-tu jamais voulu en savoir davantage sur toi-même, ou constater à quel point ta meilleure amie et toi vous vous connaissez bien ? Et que dire du plaisir de trouver le parfum parfait pour toi, ou de savoir si le garçon que tu reluques t'a aussi remarquée ? Tu peux obtenir réponse à tes questions et à bien d'autres grâce à ces quiz aussi simples que révélateurs. Il en existe différents types, certains à remplir seuls, d'autres à compléter avec une amie. C'est presque un guide de vie complet ! Qu'attends-tu donc ? Saisis un crayon et lance-toi dans les quiz !

Es-tu timide avec les garçons ?

Te sauves-tu dès que tu vois un garçon ? Ou plutôt *aimes-tu* passer du temps avec la gent masculine ? Coche chacun des énoncés qui te décrit bien, puis trouve la couleur que tu as le plus souvent identifiée. Lis les résultats afin d'apprendre à quel point tu es réellement sûre de toi face aux garçons.

🟥 J'invite souvent les garçons à sortir.

🟦 Si un garçon est timide, il est possible que je fasse les premiers pas. Mais je préfère qu'il m'aborde en premier.

🟥 Quand j'ai envie de discuter, je téléphone souvent à un ami.

🟩 J'embrasse un garçon seulement s'il m'a embrassé le premier.

🟦 Si j'apprécie un garçon, je le lui fais savoir en flirtant avec lui.

🟩 Si un garçon me laisse, c'est parce que j'ai un problème.

🟥 Si un garçon me laisse, c'est parce qu'il a un problème.

🟩 JAMAIS je ne téléphonerais à un garçon. Je suis beaucoup trop timide.

🟥 Si un garçon dit me trouver jolie, je ne me gênerai pas pour lui servir le même compliment.

🟩 Mes amies ont toujours besoin de me dire qu'un garçon me trouve intéressante. Je ne le remarque jamais !

🟦 Si un garçon me laisse, je me dis qu'il n'était pas pour moi et je ne m'en fais pas.

🟩 Si un garçon dit me trouver jolie, j'ai souvent l'impression qu'il ment.

■ J'aime danser avec des garçons, mais aussi avec mes ami(e)s.

■ Si je m'intéresse à un garçon, je lui dirai sans attendre !

■ Je ne pourrais jamais danser avec un garçon, je serais beaucoup trop nerveuse.

■ Si un garçon me dit que je suis jolie. je le remercie !

■ J'*aime* danser avec les garçons.

■ Je pense aux garçons de temps à autre, mais je ne suis pas obsédée !

Ton pointage

ROUGE

Wow ! Tu n'as évidemment besoin d'aucune aide en ce qui concerne les garçons. Tu n'as aucun problème à leur parler, ou à laisser savoir à un garçon qu'il t'intéresse. C'est super mais ça n'empêche pas certains garçons d'être un peu déstabilisés par tant d'assurance. N'oublie pas que *toutes* les relations (y compris les amitiés) se doivent d'être égales. Laisse le garçon diriger de temps à autre, il ne t'en aimera que plus !

VERT

Tu es une fille timide ! Qu'est-ce qui te retient ? Tu es si timide que c'en est presque douloureux. Si tu ne montres jamais aux garçons à quel point tu es extraordinaire, comment finiront-ils par te connaître ? Essaie de t'ouvrir un peu et détends-toi. Les garçons ne sont pas si différents des filles après tout. Ce sont des êtres humains. Plus tu t'exerceras, moins cela t'effraiera, et tu gagneras en confiance !

BLEU

Ton équilibre est presque parfait ! Tu es à l'aise lorsque vient le temps de discuter avec les garçons et tu sais comment montrer, subtilement — cela va de soi — à un garçon que tu t'intéresses à lui. Tu as probablement plusieurs amis et tu n'es pas mal à l'aise en leur présence. Courage : il est parfois rentable de faire les premiers pas. Essaie, tu verras !

À quel point connais-tu ta meilleure amie ?

Êtes-vous les meilleures amies du monde ou seulement amies de façon sporadique ? Réponds aux questions de la page opposée, puis demande à ton amie de remplir le quiz à la page 14. Le pointage est facile à obtenir. Annote tout simplement le questionnaire de ton amie, en accordant un point pour chaque bonne réponse. **Tu as fait le compte ?** Parfait. Tu peux maintenant lire les résultats et découvrir à quel point il s'agit d'une bonne amie !

1. Si ton amie était une star de cinéma, qui serait-elle ?

....

2. De quoi ton amie a-t-elle le plus peur ?

....

3. Quel est son animal préféré ?

....

4. Quelle est sa friandise préférée ?

....

5. Si elle souhaite se faire plaisir, elle :
A) s'offre un nouveau livre.
B) se sert un cornet de crème glacée double.
C) s'offre de nouveaux vêtements.

6. Elle rêve de devenir :
A) vétérinaire.
B) actrice.
C) designer de vêtements.
D) autre : ....

7. Si ta meilleure amie s'intéresse à un garçon, elle :
A) te le dit éventuellement, mais uniquement après que tu l'aies suppliée.
B) le dit à toute l'école puisqu'elle aime que tous connaissent ses sentiments.
C) te demande conseil avant de passer des heures à planifier avec toi comment gagner le coeur de ce garçon !

8. Qu'est-ce que vous avez fait de plus drôle ensemble ?

....

9. Lorsqu'elle est triste ou contrariée, tu sais qu'elle :
A) aime être seule pour réfléchir.
B) te souhaite à ses côtés pour bénéficier de ton support.
C) souhaite d'abord être seule, mais admet qu'elle aura besoin de toi dès qu'elle sera prête.

10. Quel est son numéro de téléphone et son courriel ? Inscris-les ici :

....

1. Si ton amie était une star de cinéma, qui serait-elle?

....

2. De quoi ton amie a-t-elle le plus peur?

....

3. Quel est son animal préféré?

....

4. Quelle est sa friandise préférée?

....

5. Si elle souhaite se faire plaisir, elle:
A) s'offre un nouveau livre.
B) se sert un cornet de crème glacée double.
C) s'offre de nouveaux vêtements.

6. Elle rêve de devenir:
A) vétérinaire.
B) actrice.
C) designer de vêtements.
D) autre : ....

7. Si ta meilleure amie s'intéresse à un garçon, elle:
A) te le dit éventuellement, mais uniquement après que tu l'aies suppliée.
B) le dit à toute l'école puisqu'elle aime que tous connaissent ses sentiments.
C) te demande conseil avant de passer des heures à planifier avec toi comment gagner le coeur de ce garçon!

8. Qu'est-ce que vous avez fait de plus drôle ensemble?

....

9. Lorsqu'elle est triste ou contrariée, tu sais qu'elle:
A) aime être seule pour réfléchir.
B) te souhaite à ses côtés pour bénéficier de ton support.
C) souhaite d'abord être seule, mais admet qu'elle aura besoin de toi dès qu'elle sera prête.

10. Quel est son numéro de téléphone et son courriel? Inscris-les ici:

....

Ton pointage

1 à 3 points
Es-tu certaine que vous vous connaissez bien? C'est très bien d'être indépendante... mais c'est ridicule! Vous devriez toutes les deux chercher ce qui vous permettrait de soutenir l'autre en cas de besoin.

4 à 7 points
Votre relation semble équilibrée. Vous vous connaissez assez pour devenir de grandes amies, mais vous savez que l'autre a besoin de son espace vital de temps à autre. Appréciez-vous l'une l'autre et vous serez les meilleures amies du monde pour la vie.

8 à 10 points
Es-tu certaine que vous soyez deux personnes distinctes? C'est génial de bien s'entendre, mais n'as-tu jamais pensé que vous pourriez être un peu trop proches? Veillez à ne pas vous fermer à de nouvelles amitiés. Les filles ont besoin de toutes les amies possibles. Et ça s'applique à vous deux...

Est-il vraiment intéressé à toi ?

Tu fréquentes ce garçon depuis quelque temps, mais tu n'arrives pas à savoir s'il s'intéresse sincèrement à toi ? Les gars sont parfois très mystérieux. Remplis ce questionnaire afin de découvrir ce qu'il ressent pour toi.

1. Lorsque vous êtes ensemble et que vous rencontrez quelqu'un que vous connaissez, comment vous présente-t-il ?
A) « J'aimerais te présenter ma copine. »
B) « Je te présente (ton nom). »
C) Il ne te présente pas.

2. Lorsque vous allez ensemble à un party, comment agit-il avec les autres filles ?
A) Il leur parle mais ne s'éloigne jamais de toi très longtemps.
B) Tu ne le vois presque pas de la soirée. Il est trop occupé à flirter avec tes amies.
C) Il est très sociable et passe autant de temps avec toi qu'avec les autres.

3. Tes parents l'invitent à partager un repas à la maison. Comment agit-il ?
A) Il accepte l'invitation mais n'ouvre pas la bouche durant le repas et s'en va dès qu'il a terminé.
B) Il semble légèrement mal à l'aise, mais reprend contenance au cours de la soirée.
C) Ton père et lui s'entendent à merveille. Ils planifient même d'aller voir un match de football ensemble.

4. Vous vous voyez ce soir et tu as passé tout l'après-midi à te préparer. Qu'est-ce qu'il te dit en te voyant ?
A) « Wow ! Tu es superbe. Je ne peux pas croire que tu en aies fait autant pour moi ! »
B) « Tu es vraiment très jolie. »
C) Il ne dit rien au sujet de ton apparence.

5. C'est ton anniversaire ; le premier depuis que vous vous fréquentez. Qu'est-ce qu'il fait pour toi ?
A) Rien. Il affirme qu'il ne savait pas que c'était ton anniversaire.
B) Il t'offre un très mignon t-shirt, des fleurs et te grave un CD de vos chansons préférées.
C) Il t'offre un CD que vous aimez tous les deux.

6. Tu es à la maison avec un gros rhume et il passe te voir pour t'apporter un travail scolaire. Que te dit-il?
A) « J'espère que tu iras mieux bientôt. Bye! »
B) « Pauvre chouette! Aimerais-tu que je reste pour te tenir compagnie? »
C) « Tu as vraiment l'air malade, » et il s'en va.

Ton pointage

1. A) 3 B) 2 C) 1
2. A) 3 B) 1 C) 2
3. A) 1 B) 2 C) 3
4. A) 3 B) 2 C) 1
5. A) 1 B) 3 C) 2
6. A) 1 B) 3 C) 2

6 à 9 points
Sauve-toi! Et vite en plus! Pourquoi t'es-tu intéressée même un instant à ce garçon? Il n'aime qu'une personne, et cette personne c'est lui. Ça pourrait aller si au moins vous aviez du plaisir ensemble, mais il semble qu'il soit beaucoup trop égoïste pour passer du temps avec qui que ce soit d'autre que ses amis. Remercie-le et fais plutôt entrer dans ta vie des gens qui éprouvent de bons sentiments pour toi.

10 à 14 points
Vous avez beaucoup de plaisir ensemble, mais en ce qui concerne les amours, rien ne semble se passer. Il est temps d'observer attentivement ta relation. Auriez-vous intérêt à être tout simplement amis? Être amis ne t'empêche pas de passer du temps avec lui, mais ne t'empêchera pas non plus de rencontrer d'autres garçons. Après tout, ton prince charmant est peut-être tout près!

15 à 18 points
Il est sérieux avec toi. Il semble prêt à jouer parfaitement le rôle du copain de l'année. Ne le laisse pas s'échapper! Un seul détail: assure-toi que vous investissez tous les deux de façon égale dans votre relation. Si cette relation est à sens unique, il est temps de faire l'effort d'égaliser les choses, ou de cesser de vous voir.

Ce que ta chambre révèle sur ta personnalité

Es-tu une maniaque de l'ordre ou une fille ultra relaxe ? C'est ici que tu le découvriras.

COMMENCE ICI

- Tu passes beaucoup de temps dans ta chambre.
- VRAI → Il arrive souvent que tu dépenses toute ton allocation à l'achat d'articles pour ta chambre.
- FAUX → Ta penderie est toujours à l'envers ; des vêtements et des chaussures jonchent le plancher.
- VRAI (depuis « Il arrive souvent... ») → Tu choisis toi-même la couleur de la peinture et les rideaux.
- FAUX (depuis « Il arrive souvent... ») → Ta penderie est toujours à l'envers...
- FAUX (depuis « Tu choisis toi-même... ») → Tu ranges ta chambre au moins une fois par semaine.
- VRAI (depuis « Tu choisis toi-même... ») →
- FAUX (depuis « Ta penderie... ») → Tu ranges ta chambre au moins une fois par semaine.
- VRAI (depuis « Ta penderie... ») → Tu ne regardes jamais sous ton lit. Tu as peur de ce que tu pourrais y trouver !
- VRAI (depuis « Tu ranges ta chambre... ») →
- FAUX (depuis « Tu ranges ta chambre... ») → Tu ne regardes jamais sous ton lit...
- FAUX / VRAI (depuis « Tu ne regardes jamais... »)

18

Questions

Lorsque des amis te visitent pour la première fois, ils sont toujours impressionnés par la décoration de ta chambre.

Tu adores les chandelles parfumées et tu en allumes toujours une lorsque tu y es.

Tu aimes que tes amies restent à dormir dans ta chambre.

Tu ne te souviens pas de la dernière fois où tu as vu le plancher ?

Résultats

Palais parfait
Tes amies ont l'impression d'être dans un hôtel haut de gamme lorsqu'elles sont dans ta chambre. En fait, elles ont probablement peur de bouger de crainte de faire tomber quelque chose. Ta chambre est ton espace personnel, et c'est bien que tu en sois aussi fière. Par contre prends soin de ne pas devenir une « fana » de l'ordre. Ce n'est qu'une chambre après tout !

Coin chaleureux
Ta chambre est un endroit agréable où passer du temps ! Tu aimes la garder bien rangée, mais ce qui compte le plus, c'est qu'elle *te* ressemble. Tu as des objets que certaines personnes (comme ta mère) considèrent comme faisant partie du désordre, mais pour toi, ce sont les objets qui personnalisent ton espace. Assure-toi de garder le contrôle de ton « méli-mélo » pour que ta chambre donne une impression de calme et non d'encombrement.

Manoir cauchemar
Oh... Mais qu'est-ce qui s'est passé ici ? Tu ne considères vraiment ta chambre que comme un endroit pour dormir. Tu n'as jamais essayé d'en faire un endroit paisible, et ça paraît. Harmoniser ta chambre n'est pas aussi long que tu le crois. Te débarrasser des articles dont tu n'as plus besoin te fera un bien immense. Qu'attends-tu ?

Quel est ton parfum parfait ?

Le parfum que tu portes en dit beaucoup sur toi. Il est donc important de choisir celui qui réflétera le mieux ta personnalité. Remplis ce questionnaire pour trouver à quelle « famille de fragrances » ton prochain parfum devrait appartenir, et lance-toi à sa recherche !

1. Parmi ces trois couleurs, laquelle préfères-tu ?
A) Rose. La couleur des roses et du romantisme.
B) Violet ou rouge. Les couleurs riches et luxueuses sont les plus belles.
C) Jaune. La couleur du soleil !

2. Quel temps préfères-tu ?
A) Pluvieux et brumeux. C'est tellement rafraîchissant !
B) Très, très chaud ! Tu aimes la sensation du soleil sur ton visage.
C) Doux et confortable. Ni trop chaud, ni trop froid.

3. Quel est ton ensemble préféré ?
A) Un jeans et un t-shirt branché.
B) Une mini-jupe noire et des talons.
C) Une robe-soleil fleurie. Plus c'est rose, mieux c'est.

4. Quel est ton voyage de rêve ?
A) Une escapade spa. Des traitements de beauté et des petits soins représentent le mieux ta vision du paradis.
B) Une semaine à Paris. Tous ces musées et galeries d'art à visiter, sans oublier le magasinage !
C) Des vacances à la mer. Le soleil, la mer, le surf : tout ce dont tu as besoin pour être heureuse !

5. Comment ta meilleure amie te décrirait-elle ?
A) Une fille débrouillarde qui sait ce qu'elle veut et qui n'a pas peur d'essayer de nouvelles choses.
B) Une personne drôle et simple qui aime avoir du plaisir, aussi bien à la maison qu'au centre commercial.
C) Une personne douce et agréable qui prête toujours une oreille attentive.

6. Comment portes-tu tes cheveux ?
A) Détachés et naturels. Tu as les cheveux courts depuis que tu es toute petite, et ça ne changera pas !
B) Le plus récent style. Tu changes de coiffure aussi souvent que tu changes de sous-vêtements !
C) Courts et simplement. Tu as des choses plus importantes à faire que de passer des heures devant un miroir.

7. Comment ta chambre est-elle décorée ?
A) Entièrement blanche et en simplicité. Tu détestes le désordre et le minimalisme est de toute façon à la mode.
B) Traditionnelle, avec une literie et des rideaux fleuris. Sans oublier l'affiche du beau garçon...
C) Très luxueuse. Des couleurs et des tissus riches partout, avec ta collection de chaussures bien à la vue.

8. Quel est le produit de beauté dont tu ne peux te passer ?
A) Brillant à lèvres scintillant. Parce qu'il correspond à ton style étincellant.
B) Fard à joues rose. Tu aimes l'apparence fraîche et romantique des pommettes rosées.
C) Baume pour les lèvres avec FPS. Tu préfères le style sportif et sain.

Ton pointage

1. A) 4 B) 6 C) 2
2. A) 2 B) 6 C) 4
3. A) 2 B) 6 C) 4
4. A) 2 B) 6 C) 4
5. A) 2 B) 6 C) 4
6. A) 4 B) 6 C) 2
7. A) 2 B) 4 C) 6
8. A) 6 B) 4 C) 2

16 à 25 points
Les parfums sportifs sont parfaits pour toi. Recherche les fragrances contenant des agrumes, des herbes, du thé vert ou des fleurs aux essences délicates. Des fragrances craquantes et vibrantes correspondent à ton amour du plein air et reflètent ta personnalité qui s'apparente à la brise. Super !

26 à 35 points
Les essences florales sont celles qui te conviennent le mieux. Choisis un parfum contenant jasmin, orchidée, violette, rose, bois de santal, musc ou vanille. Ces essences magnifiques sont le reflet de ta nature attentionnée et de ton style sobre. Mmmm !

36 à 48 points
Des parfums sucrés et appétissants faits de chocolat, de caramel, de miel ou de vanille sont le meilleur reflet de ton style précieux. Tu aimes le beau et le luxe, et tu apprécies particulièrement t'habiller pour une occasion spéciale.

Ès-tu une reine du mélodrame?

Est-ce que tu prends la vie du bon côté ou as-tu tendance à crier sur tous les toits au premier petit problème? **Tu le sauras bien vite en répondant à ce test.**

1. Ta meilleure amie te téléphone à la dernière minute pour annuler un projet que vous planifiez depuis des semaines, parce qu'elle veut sortir avec un garçon. Comment réagis-tu?
A) Tu lui dis que tu es déçue, mais tu ne fais rien pour qu'elle se sente coupable. Après tout, elle aime ce garçon depuis si longtemps.
B) Tu lui dis que ça ne fait rien. Tu es habituée qu'elle te laisse tomber.
C) Tu lui dis : « Très bien», et tu lui raccroches au nez. Tu la boudes ensuite jusqu'à ce qu'elle s'excuse.

2. Pendant une séance de shopping, tu te pâmes devant un haut ultra mignon. Malheureusement, la boutique n'a pas ta taille. Que fais-tu?
A) Tu engueules la vendeuse en précisant que tu ne remettras plus jamais les pieds dans cette boutique.
B) Tu demandes poliment à la vendeuse si elle peut téléphoner dans une autre boutique pour vérifier si ta taille est disponible.
C) Tu es déçue mais tu continues tes recherches.

3. Alors que tu te dépêches pour rentrer en classe, tu te heurtes à un très beau garçon. Quelle est ta réaction?
A) Tu évites le contact visuel et poursuis ta course dans le corridor.
B) Tu échappes toutes tes affaires et tu t'organises pour chuter et lui demander de t'aider.
C) Tu t'excuses et lui fais ton plus beau sourire.

4. Tu obtiens les résultats d'un examen sur lequel tu as beaucoup travaillé. Ils ne sont pas bons. Comment réagis-tu?
A) Tu lances la copie d'examen sur le bureau du professeur, en marmonnant des paroles incompréhensibles avant de quitter la classe en claquant la porte.
B) Tu demeures impassible. L'examen n'a

aucune importance de toute façon?

C) Tu dis à ta meilleure amie que tu es déçue, mais tu te dis que tu étudieras plus la prochaine fois.

5. Tu apprends qu'un garçon que tu aimes depuis longtemps vient d'inviter une autre fille à sortir samedi. Comment réagis-tu?

A) Tu es triste, mais tu fais des plans avec les copines pour te changer les idées samedi.

B) Tu passes toute la soirée au téléphone à dire à qui veut l'entendre que c'est injuste, pour ensuite convaincre une amie d'assister au même film pour pouvoir les espionner.

C) Tu n'en parles à personne et tu prétends que tu ne l'as jamais aimé.

6. Tu entends malgré toi un groupe de filles de l'école se plaindre d'une de tes bonnes amies. Que fais-tu?

A) Tu le dis immédiatement à ton amie (et à tout le monde).

B) Tu écoutes, horrifiée, mais tu décides de ne rien dire.

C) Tu jettes un regard assassin au groupe et tu dis à ton amie qu'elles ne méritent pas son amitié, lui épargnant les détails blessants.

Ton pointage

1. A) 2 B) 1 C) 3
2. A) 3 B) 2 C) 1
3. A) 1 B) 3 C) 2
4. A) 3 B) 1 C) 2
5. A) 2 B) 3 C) 1
6. A) 3 B) 1 C) 2

6 à 9 points
Tu détestes tous les types de conflits. C'est une bonne façon d'éviter les prises de bec, mais ce n'est pas la façon d'obtenir ce que tu veux. Essaie d'avoir un peu plus le courage de tes opinions et on te marchera moins sur les pieds.

10 à 14 points
Tu as pas mal tout compris. S'il se passe quelque chose de fâcheux, tu y fais face et passe à autre chose, mais tu refuses d'être le tapis de qui que ce soit. C'est une très bonne façon de faire. Continue comme ça!

15 à 18 points
Ouhhhh... Si tu es malheureuse, le monde entier est au courant. C'est bien d'être ouverte, mais tu aurais peut-être intérêt à être un peu moins extravertie. N'oublie pas que les autres aussi éprouvent des sentiments!

À quel point ta mère et toi êtes-vous proches?

Suis les flèches et découvre la vérité!

COMMENCE ICI

À quelle fréquence passez-vous des journées ensemble?

— BEAUCOUP → Considères-tu que tu peux parler des garçons avec ta mère?
— PARFOIS → Est-ce que ta mère et toi partagez des vêtements?

Considères-tu que tu peux parler des garçons avec ta mère?
— TOUJOURS / PARFOIS → Te disputes-tu souvent avec ta mère?
— JAMAIS → Est-ce que ta mère et toi partagez des vêtements?

Est-ce que ta mère et toi partagez des vêtements?
— OUI → Te disputes-tu souvent avec ta mère?
— PAS QUESTION → Quelle est la dernière fois où tu as dit à ta mère que tu l'aimais?

Te disputes-tu souvent avec ta mère?
— JAMAI(S) / BEAUCOUP → ...
— PARFOIS → Quelle est la dernière fois où tu as dit à ta mère que tu l'aimais?

Ta mère semble-t-elle comprendre tes sentiments?
— ABSOLU(MENT) / PARFOIS → Te disputes-tu souvent avec ta mère?

Quelle est la dernière fois où tu as dit à ta mère que tu l'aimais?
— CETT(E)...
— JE N(E)...

Aides-tu ta mère dans la maison lorsqu'elle est débordée?

TOUJOURS

PARFOIS

JAMAIS

Considères-tu ta mère comme une amie?

OUI, MA MEILLEURE AMIE

Aaaaah! Vous agissez comme des meilleures amies davantage que comme une mère et sa fille. Ta mère te donne beaucoup de conseils, et tu lui apportes une aide précieuse. Tu sais que passer du temps avec ta mère est agréable et que cela vous procure une relation fabuleuse. Continue le bon travail, tu es une super fille!

OUI

Tu sembles vraiment bien t'entendre avec ta mère, mais assure-toi de lui dire à quel point elle compte pour toi. Pourquoi ne pas passer une journée de magasinage avec elle, ou réaliser un projet en équipe à la maison? Elle sera encore plus en mesure de te comprendre lorsque tu auras vraiment besoin d'elle.

Offres-tu parfois un cadeau à ta mère en guise de surprise?

PARFOIS

NON

PARFOIS

Ta mère te demande-t-elle parfois des conseils sur son style?

E SOUVIENS PAS

TU VEUX RIRE!

Il semble que vous ayez toutes les deux besoin d'améliorer votre relation. Bien sûr, tu aimes ta mère. Et c'est le moment de le lui dire! Passer du temps avec elle peut être agréable et cela vous aidera à mieux vous connaître l'une l'autre. Qui sait, elle pourrait devenir la meilleure amie dont tu rêves!

25

À quel point as-tu confiance en toi ?

La confiance en soi est extrêmement importante tout au long de notre vie. Penses-tu en posséder suffisament, et crois-tu pouvoir en cultiver davantage ? Ce quiz facile te donnera la réponse.

1. Tu croises dans une fête le garçon que tu aimes depuis toujours, mais évidemment, tu as un énorme bouton sur le nez. Comment réagis-tu ?
A) Tu te tiens là ou l'éclairage t'avantage le plus et tu espères qu'il ne remarquera rien.
B) Tu t'en vas immédiatement. Il ne t'aimera jamais s'il te voit comme ça !
C) Tu vas à sa rencontre et lui parle. Et s'il est dégoûté par un bouton ? Tant pis pour lui, tu ne veux pas d'un gars superficiel de toute façon.

2. Tes amies argumentent sur un sujet qui te tient beaucoup à coeur.
A) Tu ne dis rien. Si tu es en désaccord avec tes amies, elles risquent de ne plus vouloir se tenir avec toi.
B) Tu exprimes ton opinion et suggères un changement de sujet. Tu ne veux pas ruiner tes amitiés pour ça.
C) Tu exprimes ton point de vue et tu refuses de céder, même si tous les arguments sont contre toi. Tu ne renies jamais tes principes.

3. Ta meilleure amie est triste et tu ne connais pas le problème. Tu penses qu'elle aurait peut-être besoin d'en parler, mais tu n'en es pas certaine. Tu :
A) te rends chez elle—sans même téléphoner—pour t'assurer qu'elle va bien. Tu crois qu'elle a besoin d'une bonne discussion et que tu es la meilleure personne pour ça.
B) lui demandes gentiment si elle a envie de sortir. Si elle te dit non, tu t'arranges pour lui faire savoir que tu es là pour elle, mais que tu respectes son besoin de solitude.
C) la laisses seule. Tu ne veux pas la déranger ou insister.

4. Lorsque ton professeur pose une question en classe et cherche du regard qui va répondre, que fais-tu?
A) Si tu connais la réponse, parfois tu la donnes, alors que d'autres fois, tu te sens un peu plus timide.
B) Tu ne réponds jamais! Pourquoi attirer sur soi autant d'attention?
C) Tu réponds toujours. Pourquoi pas, puisque tu connais la réponse!

5. Tu gardes un enfant dans une nouvelle famille. Lorsqu'on te demande ton tarif, tu :
A) dis combien on t'a payée dans le passé et attends de voir ce que diront les gens.
B) demandes un tarif beaucoup plus élevé que ce qu'on te payait dans le passé. Si tu ne demandes rien, tu n'auras rien!
C) les laisses fixer le tarif. Même s'il est plus bas que ton tarif normal, c'est préférable que d'avoir à en discuter.

6. Tu sors faire du shopping pour trouver ce que tu porteras à une fête samedi soir. Que vas-tu préférer acheter?
A) Un nouveau haut d'une couleur vive. Tu aimes qu'on te remarque dans une foule.
B) D'autres jeans. Tant pis si tu en as déjà trois.
C) Une mignonne petite jupe de ta boutique préférée. Elle ira parfaitement avec le haut que tu as déjà.

Ton pointage

1. A) 2 B) 1 C) 3
2. A) 1 B) 2 C) 3
3. A) 3 B) 2 C) 1
4. A) 2 B) 1 C) 3
5. A) 2 B) 3 C) 1
6. A) 3 B) 1 C) 2

6 à 9 points
Pourquoi as-tu si peur de la vie? Il est temps de cesser de te préoccuper autant de ce que les gens pensent et de commencer à t'apprécier! Personne n'aime avoir l'air stupide devant les autres, mais ce n'est pas une raison pour se cacher.

10 à 14 points
Tu as une très bonne attitude face à la vie. Tu es parfois très calme, mais c'est correct. Nous avons tous des journées où nous préférons nous fondre dans le décor. Tu es suffisamment courageuse pour donner ton opinion, mais pas trop pour intimider les autres.

15 à 18 points
Tu es la reine de la confiance! Rien ne te fais peur et tu sais comment obtenir ce que tu désires. C'est très bien, tant que tu ne parais pas trop sûre de toi ou que tu ne pousses pas trop. Crois-le ou non, il est possible d'avoir trop confiance en soi!

Métamorphose ton style

Tu trouves que ton style laisse à désirer ? Tu en as assez de porter les mêmes jeans parce que tu ne trouves rien dans le capharnaüm de ta penderie ? Il est temps de métamorphoser ton style !

Regarder de près la manière dont tu vis et changer les choses pour le mieux t'aideront à te sentir superbement bien. Cette section te permettra d'accomplir une métamorphose complète. Tu peux réorganiser ta penderie, offrir de nouvelles possibilités à tes produits de maquillage, te dorloter grâce à des traitements maison et même transformer ta chambre en un sanctuaire à l'abri du stress. Tu te sentiras rapidement beaucoup mieux !

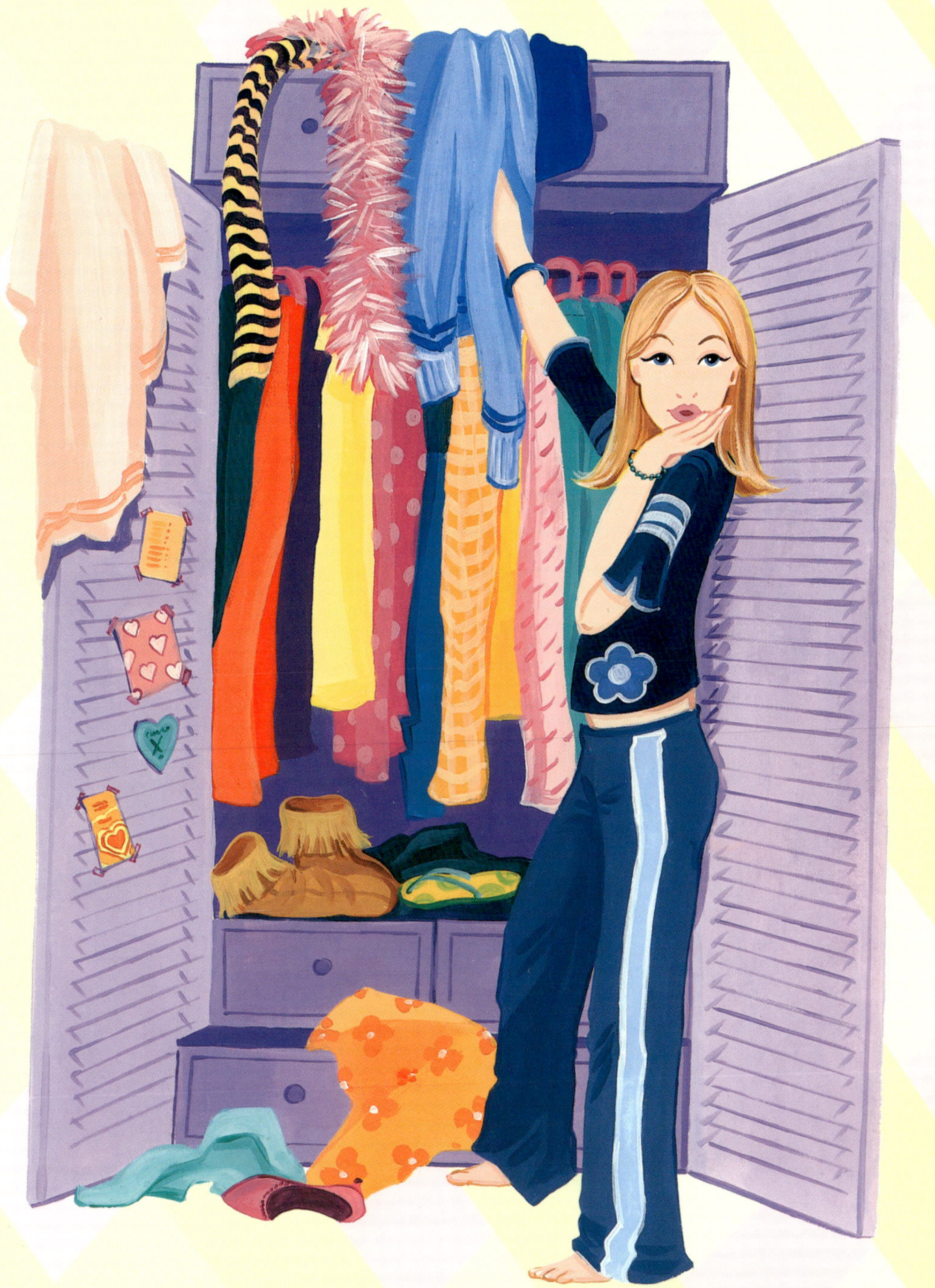

Le rangement de la penderie

Comment porter tes plus beaux vêtements alors que tu ne sais même pas où ils se trouvent ? Il est temps de réorganiser ce capharnaüm et de le transformer en une boutique facile d'accès où tu pourras choisir les vêtements que tu voudras porter. Garde-toi une journée ou un après-midi et invite une bonne amie qui t'aidera, une personne en qui tu as *vraiment* confiance, côté style. Lorsque tu auras terminé, vous pourrez aller chez ton amie et accomplir une métamorphose semblable !

1. Avant de commencer, procure-toi quatre grandes boîtes ou sacs à ordures et identifie-les comme suit : poubelle, à échanger, à garder et à personnaliser.

2. Rassemble au milieu de la pièce tous tes vêtements et toutes tes chaussures. Installe confortablement ton amie pour qu'elle puisse te faire ses commentaires. Propose-lui une collation ou une boisson et choisis de la musique qui gardera votre niveau d'énergie à son maximum !

3. Essaie chaque article, un à la fois. S'il ne te va pas ou que ton amie trouve qu'il ne te convient vraiment pas, place-le dans la boîte ou le sac à échanger. S'il est taché ou déchiré et qu'il ne peut être réparé, place-le dans la boîte ou le sac à poubelle. S'il te va bien mais que tu en es fatiguée tout simplement, lance-le dans le sac ou la boîte à personnaliser. Et place tout ce que tu adores dans la boîte ou le sac à garder.

4. Avant de faire quoi que ce soit d'autre, débarrasse-toi de tout ce qui est passé dans le sac ou la boîte poubelle. Demande à tes parents s'ils souhaitent s'en servir comme chiffons pour le nettoyage. Sinon, aux ordures !

LA BOÎTE À GARDER

DÉMÊLER TOUT ÇA

Il est maintenant temps de replacer tes choses dans ta penderie et dans ta commode. Voici quelques conseils qui te permettront de bien organiser le tout :

♥ Range tes vêtements par sections, par exemple une pour les pantalons, une autre pour les chandails légers et ainsi de suite : chandails chauds, manches courtes, jupes, vêtements sport, ce que tu portes dans la maison, etc. Invente de nouvelles catégories selon tes goûts. N'oublie pas que tu ne dois rien ranger qui n'est pas en état d'être porté immédiatement.

♥ Divise aussi les vêtements par couleur. La prochaine fois que tu auras besoin d'un t-shirt, tu le trouveras plus rapidement au lieu de passer 20 minutes à le chercher.

♥ Range les chaussures dans leur boîte, avec une étiquette ou une photo de ce que la boîte contient. De cette façon, tu trouveras en un coup d'oeil tes jolies sandales roses ou les espadrilles que tu caches.

LA BOÎTE À ÉCHANGER

Soirée d'échange de vêtements

La boîte à échanger devrait déborder de vêtements dont tu ne veux plus mais qui sont encore en bon état. C'est le temps d'organiser une soirée! C'est un super moyen de te débarrasser de ce que tu ne portes plus, tout en obtenant, en échange, de nouveaux vêtements. Invite au moins cinq amies. Demande à chacune d'apporter au moins cinq vêtements qu'elles ne portent plus.

Donne son envol à la soirée!
Prépare la pièce en installant chaises ou coussins en cercle, et un endroit pour essayer les vêtements (ce peut être

la salle de bains). Lorsque tes amies arrivent, elles devraient placer leurs vêtements sur le plancher. Range les articles par catégorie, par exemple les vêtements décontractés, les vêtements chic, les chaussures, les accessoires, etc.

Échange et vote

L'hôtesse de la soirée (ce devrait être toi...) prend un à un les articles et les décrit au groupe. Par exemple, en tenant une jupe, tu peux dire : « Voici une mini-jupe en jean Old Navy de taille 5. » Quiconque est intéressée à l'article doit lever sa main. Si plus d'une personne est intéressée, toutes l'essaient et ce sont leurs votes qui détermineront ensuite à qui la jupe va le mieux.

Évidemment, on évite les commentaires du genre « C'est vraiment horrible sur toi » ; on reste dans le positivisme. Fais des commentaires réfléchis sur l'ajustement du vêtement et sur son apparence sur la personne.

Faites une pause au milieu de la soirée, sert une petite collation, puis poursuivez avec les autres articles.

À la fin, il y aura probablement plusieurs articles dont personne n'a voulu. Tu peux les apporter à une friperie ou à un magasin d'escompte pour qu'ils ne terminent pas leur vie sur le plancher de ta chambre.

LA BOÎTE À PERSONNALISER

Le plaisir de personnaliser

Il est facile de rafraîchir certains articles que tu aimes mais qui sont démodés ou ordinaires. Il existe tant de façons d'exercer ta créativité. Laisse-toi aller! Qu'as-tu à perdre?

Découpures artisanales
Redonne un nouveau style à tes jeans en les coupant pour les transformer. Pourquoi ne pas ajouter un ruban dans le bas en guise de finition? Utilise de la colle à tissu pour fixer le ruban.

Lacer et attacher
Fais passer une longueur de ruban dans les manches et l'encolure d'un t-shirt pour chiffonner les manches et attache-le par une boucle.

Jolies pièces
Les pièces sont simples à coudre ou à coller sur des chandails ou des pantalons unis. Tu peux en trouver dans une boutique d'articles de couture. Veille à utiliser de la colle à tissu qui résistera au lavage.

Boutons remodelés
Le seul fait de changer des boutons sur un manteau ou une veste peut lui donner une toute nouvelle apparence. Utilise plusieurs couleurs et styles différents pour obtenir un look original. Des boutons regroupés et cousus sur un haut pourront aussi donner de beaux résultats.

Mademoiselle brillants
Les faux brillants et les les gemmes au dos plat, les vaporisateurs de brillants pour tissu et les crayons à brillants pour tissu sont autant de façons de décorer un vieux t-shirt ou des jeans. (Le mode d'emploi indiqué sur ces produits vous précisera comment laver les vêtements auxquels des brillants ont été ajoutés.)

Journée beauté à la maison

Pourquoi dépenser une fortune pour obtenir des traitements dans des stations thermales ? Tu trouveras pas plus loin que chez toi tout ce dont tu as besoin pour te sentir bien et belle ! Réserve une plage dans ton horaire, éteins le cellulaire et prépare-toi à mettre ta beauté en valeur !

Étape 1
Prépare l'environnement

Transformer ta salle de bains en une pièce agréable est une des plus importantes étapes de la préparation de ta station thermale maison. Élimine le désordre et rassemble tout ce dont tu as besoin pour ne pas devoir quitter la pièce une fois que tu as commencé. Aie à portée de la main plusieurs serviettes propres et un peignoir pour préserver la détente. Allume des chandelles parfumées et mets ta musique préférée.

Étape 2
Bain beauté

Ton bain devrait te procurer un grand plaisir. Ajoute 2 tasses de lait entier à une eau pas trop chaude en guise d'adoucissant pour la peau. Si tu as des huiles essentielles à la maison, ajoutes-en quelques gouttes à l'eau pour emplir la salle de bains d'une enivrante senteur. La lavande ou la rose sont à privilégier.

Étape 3

Pour une peau douce

Élimine les cellules mortes et attaque tes boutons avec ce désincrustant doux.

1. Mélange ½ tasse de semoule de maïs et 2 cuillères à table de jus d'ananas frais ou en conserve dans un petit bol.

2. Debout dans le bain ou la douche, masse ce mélange sur ta peau humide avec des mouvements circulaires. Rince avec de l'eau tiède et tamponne avec une serviette pour sécher.

Étape 4

La douceur de l'huile

Fais pénétrer de l'huile d'olive dans ta peau désincrustée alors qu'elle est encore un peu humide. C'est une bonne façon de sceller l'humidité dans la peau. N'oublie pas de mettre la serviette directement à la lessive puisqu'elle risque d'être légèrement huileuse.

Étape 5

SOS cheveux

Une banane écrasée dans tes cheveux les hydratera. Fais pénétrer dans tes cheveux propres et séchés à la serviette; laisse agir pendant 10 minutes. Ce traitement nourrissant convient à tous les types de cheveux. Il est particulièrement efficace si tu utilises souvent le séchoir à cheveux et le fer plat.

Étape 6

Visage fruité

Ce masque fruité dissout littéralement les cellules mortes et laisse ton visage aussi doux qu'une pêche.

1. Pèle délicatement ½ papaye de taille moyenne et retire les graines. À l'aide d'une fourchette, pile la chair de la papaye dans un petit bol en y ajoutant une cuillère à table de miel.

2. Étends le mélange sur ton visage bien propre, puis allonge-toi, histoire de te détendre, pendant 5 minutes. C'est le temps qu'il faut à la papaye pour effectuer son travail.

3. Rince avec de l'eau tiède et tamponne pour sécher. Applique une crème hydratante.

Étape 7

Yeux cool

Puisque tu t'es lavée, que tu as frotté, pilé et hydraté ta peau, enroule-toi dans un peignoir confortable et assieds-toi. Il est temps de rafraîchir tes yeux fatigués avec ce masque apaisant.

1. Coupe en tranches ¼ d'un concombre moyen. Écrase les tranches avec le dos d'une fourchette pour libérer le jus.

2. Fais tremper deux tampons de coton dans le jus de concombre. Dépose les tampons humectés sur tes yeux fermés.

3. Détends-toi pendant cinq à dix minutes pendant que les tampons rafraîchissent et éclaircissent tes yeux.

Métamorphose de la trousse à maquillage

Es-tu ennuyée par ta routine beauté ? Utilises-tu les mêmes produits et pinceaux depuis des mois ? Il est temps d'effectuer une métamorphose de trousse à maquillage ! Les pinceaux sales peuvent causer des boutons et autres problèmes cutanés. Il est très important de garder ces articles propres et en bon état. Après tout, c'est ce qui touche à ta peau chaque jour.

1. Commence par vider ta trousse ou ton tiroir à maquillage et à bien laver l'un ou l'autre avec de l'eau tiède savonneuse. Laisse la trousse sécher à l'envers sur une serviette ou essuie l'intérieur du tiroir. Tes pinceaux devraient aussi être nettoyés. Frotte délicatement les soies sous l'eau pour éliminer les résidus de maquillage. Élimine l'eau avec une serviette et laisse les pinceaux sécher.

2. Vide ensuite tout ton maquillage sur une table ou sur ton lit. Te sers-tu vraiment de tout ça ? Si tu réponds non pour un article ou l'autre, à la poubelle !

3. Jette maintenant un coup d'œil à ce qu'il te reste. Depuis quand as-tu tout ça ? Les mascaras doivent être utilisés en moins de six mois et ne JAMAIS être partagés avec des amies, car ils pourraient causer des infections aux yeux. Les crayons durent plus longtemps puisqu'ils peuvent être aiguisés et donc rafraîchis. La pointe des vieux rouges à lèvres devrait être délicatement coupée à l'aide d'un couteau. Utilise un mouchoir pour nettoyer la couche supérieure des ombres à paupière, et nettoie tout le reste, même les emballages.

4. Rends-toi ensuite dans un magasin à rayons. C'est un endroit parfait pour essayer de nouvelles couleurs et obtenir des conseils professionnels sur tes achats. Demande à la cosméticienne de t'aider. Elle pourra même te faire une mini métamorphose et te donner des conseils d'application. Si tu ne peux te permettre d'acheter quoi que ce soit, rends-toi à la pharmacie. Tu y trouveras les mêmes couleurs à une fraction du prix. Toute une affaire !

5. Promets-toi de faire cet exercice au moins chaque saison. Garder ton maquillage propre, et ton look à jour t'aidera à te sentir bien dans ta peau, chaque fois que tu te maquilles.

Chambre euphorisante

Le style n'est pas qu'une question d'apparence. C'est aussi l'espace dans lequel tu vis : ta chambre. Est-ce qu'elle t'aide à bien te sentir ? Ou est-ce une zone sinistrée débordant de choses dont tu ne te sers jamais ? Transforme ta chambre en sanctuaire en utilisant quelques trucs de l'art chinois ancien qu'est le *feng shui*. Selon le *feng shui*, la façon dont tu places tes meubles et objets peut avoir une influence sur ta vie. Adopte ces conseils faciles pour maximiser ton bonheur et ta chance, mais aussi pour ajouter un peu de piquant dans ta vie !

1. Élimine le désordre. Les montagnes d'objets qui traînent peuvent emprisonner l'énergie négative et te déprimer. Nettoyer ces amoncellements est la façon la plus simple de permettre au *chi* (l'énergie) de se déplacer dans la pièce. Tu te sentiras instantanément plus calme.

2. Pense aux photos et aux affiches qui sont sur tes murs. Choisis des images positives représentant le bonheur. Les photos de moments et de gens heureux que tu aimes feront parfaitement l'affaire.

3. Procure-toi un morceau de cristal. Non seulement un cristal est tout ce qu'il y a de plus branché, mais il fait circuler le *chi* positif dans l'espace. Accroches-en un à la fenêtre pour qu'il capte la lumière.

4. Place ton bureau de manière à voir par la fenêtre ou par la porte, créant ainsi un environnement d'étude plus positif. Ta lampe devrait toujours être du côté sud de ton bureau.

5. Utilise la couleur pour créer une ambiance agréable dans ta chambre. Le bleu est une couleur apaisante, parfaite pour une chambre. Le rouge est considéré comme chanceux, alors que le vert augmente la vitalité. Mets de la couleur en repeignant les murs ou en ajoutant un jeté ou des coussins colorés sur ton lit.

6. Emprunte un compas pour savoir quel est le coin sud-ouest de ta chambre. C'est le coin de l'amour. N'y dépose jamais une corbeille! Places-y plutôt un morceau de cristal de roche rose afin d'énergiser ta vie amoureuse. En fait, tout ce qui est rose favorise l'amour.

7. Ouvre une fenêtre Même l'hiver, un courant d'air frais de dix minutes préservera la fraîcheur du *chi* et sa vivacité.

8. Un dernier conseil, celui-ci pour la salle de bains: referme toujours le siège des toilettes! Sinon, l'énergie positive pourra s'y s'échapper. Pas de blagues!

Décoder

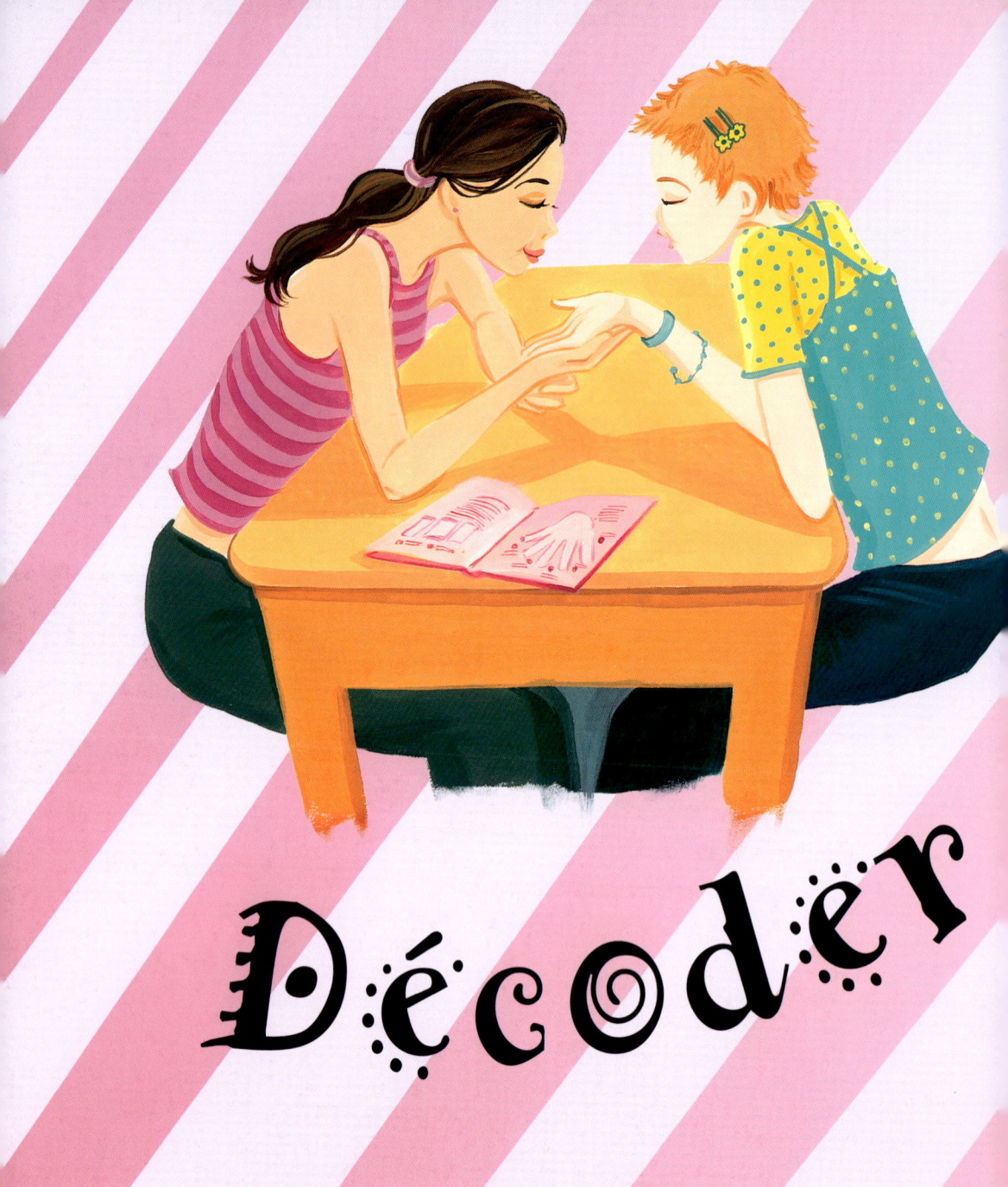

Déjà eu envie de prédire l'avenir ? Tu te vois comme quelqu'un de mystique et sensible ? Eh bien, voilà ta chance de mettre à l'essai ces talents surnaturels !

l'avenir

Dans ce chapitre, tu découvriras d'innombrables façons d'entrevoir l'avenir et de te découvrir toi-même ainsi que tes meilleurs amis (sans oublier ton amoureux). Tu obtiendras peut-être une réponse à une question qui t'embête depuis longtemps ou tu découvriras quelque chose de fascinant sur ta meilleure amie ! Toutes les méthodes sont ultra-simples et très amusantes. Une chose est certaine : bientôt, une file de gens désespérés attendront en ligne afin que tu leur prédises l'avenir !

C'est écrit dans le ciel

Ton horoscope change tous les jours, mais certains aspects de ta personnalité restent les mêmes d'un bout à l'autre de l'année. Lis la rubrique qui correspond à ton signe astrologique pour découvrir ta vraie personnalité!

Verseau
Du 21 janvier au 19 février

Intelligente et jamais à court de nouvelles idées astucieuses, tu es imprévisible et tu surprends souvent les gens autour de toi. Quelquefois, tes amis ont l'impression que tu ne te soucies pas vraiment d'eux. Assure-toi de leur montrer que ce n'est pas le cas!
Tes couleurs: argent, bleu pâle et violet.

Poissons
20 février au 20 mars

Wow! Quelle écoute tu as. Tu es extrêmement sensible, tu es celle sur qui les amis peuvent toujours compter pour les soutenir. Tu es très créative et tu aimes bricoler. Tu as tendance à être d'humeur changeante, alors garde le sourire et tout ira bien!
Tes couleurs: vert pâle et violet.

Bélier
21 mars au 20 avril

Sans peur et sans reproche, tu es un leader fantastique. Fais attention de ne pas dominer les gens qui ont moins confiance en eux, ils pourraient avoir un peu peur de toi.
Tes couleurs: rouge et blanc.

Taureau
21 avril au 20 mai

Tu as un bon sens pratique et sais toujours quoi faire en temps de crise. Tu as une personnalité magnétique, ce qui veut dire que tu es toujours entourée d'amis. Tu as toutefois tendance à être matérialiste, alors souviens-toi: les gens sont plus importants que les choses!
Tes couleurs: brun et turquoise.

Gémeaux
21 mai au 21 juin

Perspicace et ingénieuse, tu as toujours un plan dans ta manche. Tu changes souvent d'idée et tu t'ennuies facilement. Attention au potinage, parce que ça pourrait t'apporter des problèmes un jour ou l'autre !
Tes couleurs : jaune et bleu pâle.

Lion
24 juillet au 23 août

Ton amour de la vie signifie que tu as toujours beaucoup d'amis et que tu es populaire. Tu adores être le centre d'intérêt. Fais attention de ne pas être arrogante, car tout le monde n'est pas aussi énergique et sociable que toi.
Tes couleurs : doré et violet.

Cancer
22 juin au 23 juillet

Beaucoup de gens croient que tu es une dure car c'est l'impression que tu donnes de l'extérieur. Mais tes amis connaissent ta vraie personnalité, sous cette enveloppe, tu es une personne douce et profonde. Tu aimes ton foyer, mais tu sors également beaucoup !
Tes couleurs : blanc et argent.

Vierge
24 août au 23 septembre

Tu es une vraie perfectionniste dans tout ce que tu fais. C'est formidable lorsque tu es à l'école, mais fais attention de ne pas être trop critique envers tes amis. Ce n'est pas tout le monde qui est aussi parfait que toi !
Tes couleurs : bleu.

PIERRES de naissance :	Janvier	Février	Mars	Avril	Mai	Juin
	Grenat	Améthyste	Aigue-marine	Diamant	Émeraude	Perle
	Juillet	Août	Septembre	Octobre	Novembre	Décembre
	Rubis	Peridot	Saphir	Opale	Topaze	Turquoise

Balance
24 septembre au 23 octobre

Tu aimes être admirée pour ton style et pour ton goût. Essaie de ne pas t'offusquer si quelqu'un ne remarque pas ta nouvelle coupe de cheveux! Tu es étonnamment déterminée lorsque vient le moment d'obtenir ce que tu désires. Ne lâche pas!
Tes couleurs : ivoire et rose.

Scorpion
24 octobre au 22 novembre

Sexy et forte, tu es fascinée par les gens et tu aimes découvrir ce qui les fait tiquer. Prends garde de ne pas laisser la jalousie ruiner tes amitiés, car elle fait partie de ta personnalité. La vie n'est pas une compétition!
Tes couleurs : noir et rouge.

Sagittaire
23 novembre au 22 décembre

Quand on veut une opinion honnête, on demande à un *sagittaire*! Tu ne mens jamais pour épargner les sentiments de quelqu'un. C'est une belle qualité, mais attention de ne pas blesser les gens que tu aimes. Tu aimes mener, mais tu ne t'en donnes pas toujours la chance. Lance-toi la prochaine fois que l'occasion se présentera à toi!
Tes couleurs : maron et tan.

Capricorne
23 décembre au 20 janvier

Tu es une amie loyale et tu supportes toujours ceux qui sont importants pour toi. Attention de ne pas être trop possessive avec tes amis. Ce n'est pas la bonne façon de les garder. Tu travailles très fort et tu iras loin dans la carrière que tu choisiras.
Tes couleurs : brun chocolat et bleu marin.

Tes étoiles sont-elles alignées ?

Jusqu'à quel point ton amoureux et toi êtes-vous compatibles ? Trouve ton signe sur le tableau et repère la case où il rencontre le tien : ce chiffre indique ton résultat. Puis lis le texte ci-dessous pour mesurer votre compatibilité !

Tes résultats d'amour

2 Oublie ça. Vous avez de la difficulté à rester ensemble dans la même pièce, comment pourriez-vous sortir ensemble ?

3 Pas question ! Vous pouvez être d'accord pour être en désaccord, mais vous ne vous entendrez jamais, même comme amis.

4 Vous pourriez vous entendre comme amis, mais s'il sagit d'amour, oubliez ça, c'est sans issue.

5 Ce n'est pas une compatibilité évidente, mais si vous essayez suffisamment fort, ça pourrait marcher.

6 Vous vous entendez très bien, au moins comme amis. Si votre relation peut vous conduire à de l'amour, c'est une autre question.

7 Il y a de l'espoir ! Vous possédez une étincelle qui peut certainement se transformer en amour.

8 C'est bien parti ! Vous avez très certainement un avenir ensemble. Bonne chance !

9 Wow ! Vous êtes faits l'un pour l'autre. Toutefois, n'oubliez pas vos amis !

TON SIGNE

	VERSEAU	POISSONS	BELIER	TAUREAU	GEMEAUX	CANCER	LION	VIERGE	BALANCE	SCORPION	SAGITTAIRE	CAPRICORNE
VERSEAU	5	4	8	2	9	3	3	3	9	3	8	3
POISSONS	4	5	3	7	4	9	4	5	4	9	4	9
BELIER	8	3	5	5	7	2	8	2	4	4	9	2
TAUREAU	2	7	3	3	4	7	4	9	5	4	3	9
GEMEAUX	9	4	7	4	7	4	8	5	9	3	4	3
CANCER	3	9	2	7	4	5	4	8	4	7	5	5
LION	3	4	8	3	8	4	4	5	8	3	9	5
VIERGE	3	5	2	9	5	8	5	4	8	3	9
BALANCE	9	4	4	5	9	4	8	5	4	8	4
SCORPION	3	9	4	4	3	7	3	8	4	5	3	8
SAGITTAIRE	9	4	9	3	4	5	9	3	8	3	5	5
CAPRICORNE	3	9	2	9	3	5	5	9	4	8	5	4

LE SIGNE DE TON AMOUREUX

Quel animal es-tu ?

Savais-tu que l'année de ta naissance peut t'apprendre quelque chose sur ta personnalité ? Selon l'horoscope chinois, chaque année correspond à un animal sur un total de douze. Consulte les pages suivantes pour trouver l'animal qui te représente. Et ne t'arrête pas à toi-même. Fais la même chose pour tes amis, ta famille, tout le monde !

Rat
Années : 1960, 1972, 1984, 1996.
Bons points : active, intelligente, forte volonté, ambitieuse.
Points négatifs : obstinée, égoïste.
Ce que tu aimes : avoir des amis, le mystère, les voyages.
Ce que tu détestes : être seule, les réveille-matin, l'échec.
Amour : tu dois sentir que ton amoureux t'apprécies.
Carrière : tu serais une propriétaire de magasin, une écrivaine ou une musicienne formidable.

Boeuf
Années : 1961, 1973, 1985, 1997.
Bons points : calme, loyale, bonne planificatrice.
Points négatifs : idées arrêtées ; tête brûlée.
Ce que tu aimes : économiser, les bonbons maison, les couleurs naturelles.
Ce que tu détestes : les choses qui sont trop tendance ; les couleurs vives, qu'on te tienne pour acquise.
Amour : tu es facilement blessée et prudente en amour.
Carrière : songe à devenir naturaliste, jardinière ou chef cuisinière.

Tigre
Années : 1962, 1974, 1986, 1998.
Bons points : enthousiaste, positive, loyale.
Points négatifs : centrée sur toi-même, mauvais caractère lorsque tout va mal pour toi.
Ce que tu aimes : fêter, dépenser de l'argent, les surprises.
Ce que tu détestes : être ignorée, le commérage, te sentir coincée.
Amour : tu aimes sortir... mais pas avec seulement un garçon !
Carrière : tu aimerais être policière ou travailler dans le voyage, peut-être comme pilote ou agente de voyage.

Lapin
Années : 1963, 1975, 1987, 1999.
Bons points : calme, hôtesse fantastique.
Points négatifs : quelquefois peu encline à saisir la chance qui passe.
Ce que tu aimes : les films d'amour, les cheveux longs, sortir entre amis.
Ce que tu détestes : les disputes, la violence, prendre des risques.
Amour : tu aimes passer du temps avec quelqu'un de très spécial.
Carrière : ta nature convient parfaitement aux métiers d'écrivaine, de thérapeute ou de travailleuse sociale.

Dragon
Années : 1952, 1964, 1976, 1988.
Bons points : généreuse, charismatique, soucieuse du bien-être des autres.
Points négatifs : trop sûre de toi, bruyante, critique.
Ce que tu aimes : pique-niques, vacances, feux d'artifice.
Ce que tu détestes : attendre, la malhonnêteté, t'ennuyer.
Amour : tu attires facilement les garçons mais tu t'en lasses vite.
Carrière : ta personnalité te porte vers des métiers de direction, propriétaire d'entreprise ou médecin.

Serpent
Années : 1953, 1965, 1977, 1989.
Bons points : confidente parfaite, sûre de toi.
Points négatifs : mauvais caractère, tu refuses souvent l'avis des autres.
Ce que tu aimes : t'habiller chic, donner des conseils, faire une bonne action.
Ce que tu détestes : tout ce qui est faux, prêter de l'argent.
Amour : tu as celui que tu veux, peu importe le prix qu'il te coûtera !
Carrière : tu serais une excellente politicienne ou avocate. L'astrologie t'intéresse également.

Cheval
Années : 1954, 1966, 1978, 1990.
Bons points : indépendante, intéressée par les autres.
Points négatifs : tu colportes les secrets, quelquefois trop impulsive.
Ce que tu aimes : danser, faire rire les gens, la nourriture.
Ce que tu détestes : le silence, être toute seule, qu'on te dise quoi faire.
Amour : tu aimes les histoires d'amour orageuses.
Carrière : tu serais une excellente athlète, actrice ou architecte.

Mouton
Années : 1955, 1967, 1979, 1991.
Bons points : prévenante, digne de confiance, gentille.
Points négatifs : trop sensible, hésitante, nerveuse.
Ce que tu aimes : beauté, paix, pardon.
Ce que tu détestes : offenser les autres, être forcée de choisir.
Amour : tu es susceptible de rencontrer quelqu'un de spécial grâce à tes amis.
Carrière : tu devrais songer à devenir designer ou à travailler en publicité.

Singe
Années : 1956, 1968, 1980, 1992.
Bons points : bonne écoute, active, bonne mémoire.
Points négatifs : rancunière, quelquefois prétentieuse.
Ce que tu aimes : faire des blagues, aider les autres, décorer ta chambre.
Ce que tu détestes : la routine, devoir compter sur les autres.
Amour : prends garde de ne pas devenir trop émotive en amour.
Carrière : les médias ou les relations publiques seraient de parfaits secteurs pour toi.

Coq
Années : 1957, 1969, 1981, 1993.
Bons points : futée, courageuse, toujours bien mise.
Points négatifs : tu critiques l'apparence des autres, tu manques de tact.
Ce que tu aimes : être organisée, passer des moments seule, rêver.
Ce que tu détestes : perdre ton sang-froid.
Amour : une fois que tu auras trouvé le bon gars, tu t'engageras à 100%.
Carrière : tu serais une auteure, une fantaisiste ou une styliste parfaite.

Chien
Années : 1958, 1970, 1982, 1994.
Bons points : sensible, loyale, fiable.
Points négatifs : pessimiste, nature inquiète.
Ce que tu aimes : les choses mystiques, écrire des lettres, les bijoux d'argent.
Ce que tu détestes : la malhonnêteté, l'égoïsme.
Amour : il te faut un certain temps avant de faire confiance à quelqu'un.
Carrière : tu serais une institutrice ou un médecin efficace.

Cochon
Années : 1959, 1971, 1983, 1995.
Bons points : honnête, affectueuse, paisible.
Points négatifs : difficile à connaître.
Ce que tu aimes : les célébrités, la lecture, travailler en équipe.
Ce que tu détestes : t'obstiner, te sentir confuse.
Amour : tu dois être certaine que tu as trouvé la bonne personne.
Carrière : ta nature créatrice ferait de toi une bonne jardinière ou une musicienne.

Ta vie dans tes mains

Savais-tu que la paume de la main droite de quelqu'un peut révéler beaucoup sur sa personnalité ? Cette pratique est connue sous le nom de chiromancie et elle est pratiquée depuis des centaines d'années. C'est simple et amusant. Essaie ! Commence par lire ta propre main, pour apprendre ce que les lignes signifient.

Ligne de vie
Étudie la forme et la courbe de ta ligne de vie, puis compare-la au schéma pour voir à quelle couleur elle ressemble le plus. Cela t'apprendra quel genre de vie aura la personne dont tu lis la main.

Rouge Tu es une aventurière et tu voyageras beaucoup. Une fois que tu auras quitté la maison, tu n'y reviendras plus.
Violet Tu adores être à l'extérieur et tu aimes les grands espaces, mais ta maison est également très importante pour toi.
Bleu Tu es créative et romantique. Ton imagination te mènera loin.
Vert Tu es une personne délicate. Tu aimes ton foyer et tu préfères y demeurer plutôt que de voyager au loin.

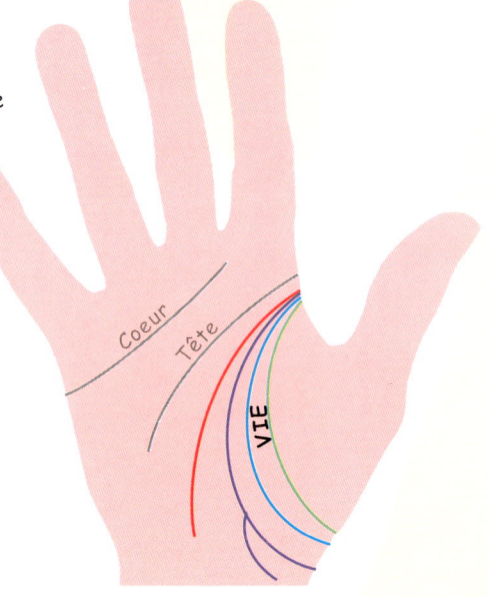

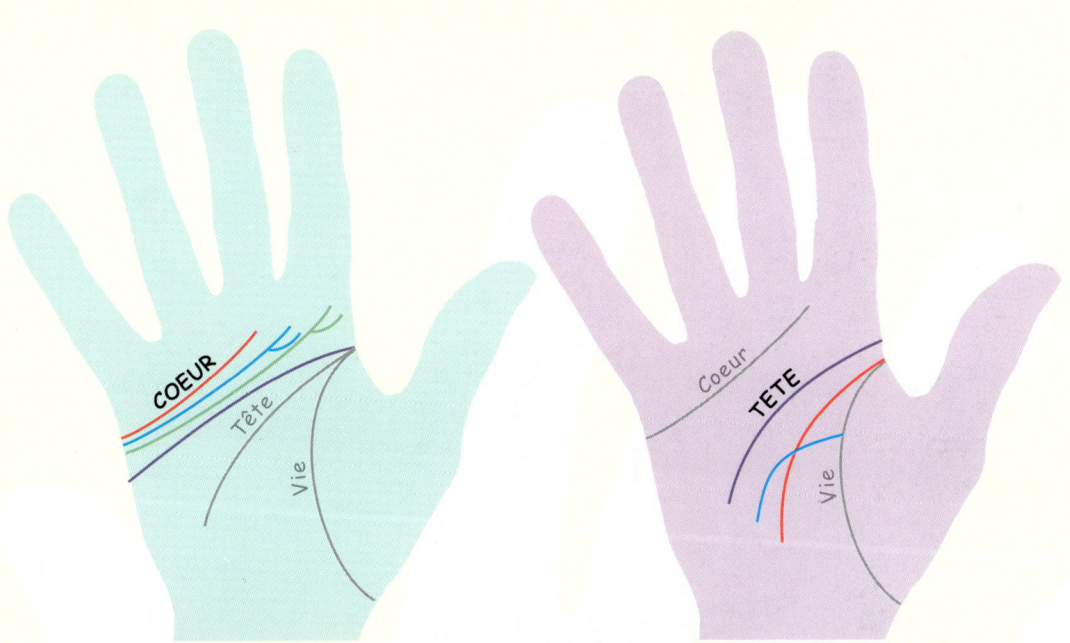

Ligne de coeur
La ligne de coeur peut t'apprendre beaucoup sur ce que tu deviens quand tu tombes amoureuse.

Rouge Tu es une passionnée. Attention de ne pas placer tes besoins avant ceux des autres.
Bleu Tu es une personne chaleureuse et généreuse lorsque tu es amoureuse. Tu possèdes un équilibre parfait.
Vert Fais attention à ne pas devenir trop superficielle en amour. Tu as tendance à choisir ton partenaire en fonction de sa beauté, sa richesse, son allure !
Violet Tu aimes les histoires d'amour, mais attention à la jalousie dans tes relations. Ça ne t'apportera rien d'autre que des problèmes.

Ligne de tête
Compare la ligne de tête au schéma et découvre quel type de personne tu es vraiment.

Violet Très intelligente, tu t'inquiètes du sort du monde et tu désires le rendre meilleur.
Rouge Tu as incroyablement confiance en toi. C'est un trait de caractère formidable mais attention de ne pas précipiter tes décisions.
Bleu L'indépendance est ta plus grande qualité. Qui plus est, tu vois toujours le bon côté des choses et tu n'as besoin de personne pour te guider.

Décode tes rêves

Est-ce qu'il t'arrive de te réveiller et de te demander ce que pouvait bien signifier ton rêve? Pour comprendre les rêves, garde un carnet de notes et un crayon à côté de ton lit et inscris-y tes rêves dès que tu te réveilles. Si tu ne le fais pas, tu seras étonnée de voir à quelle rapidité tu les oublies. Ensuite, consulte la liste ci-dessous et les pages 58-59 pour y retrouver des éléments qui faisaient partie de ton rêve. Bonne chance!

Argent Cela signifie donner ou recevoir de la puissance. Qu'arrive-t-il à l'argent dans ton rêve? Ta réponse est un indice sur sa signification.

Automobile Tu as l'impression que celui ou celle qui conduit l'auto dans ton rêve a le contrôle sur ta vie.

Avion Si tu as peur de voler, rêver à un avion peut signifier que tu essaies d'exprimer quelque chose. Si tu aimes voler, ce rêve peut signifier l'aventure.

Camping Il est temps de reprendre contact avec la nature.

Chapeau Porter un chapeau dans un rêve signifie que tu te sens puissante.

Clôture Tu te sens séparée de quelqu'un ou de quelque chose.

Courir C'est le symbole de la santé et de la vitalité. Rêver que tu cours signifie que tu es en grande forme!

Danser Tu recherches l'amour.

Dents Perdre tes dents dans un rêve signifie que tu as peur d'être embarassée.

Devenir chauve Si tu perds tes cheveux dans un rêve, c'est que tu t'inquiètes de la maladie.

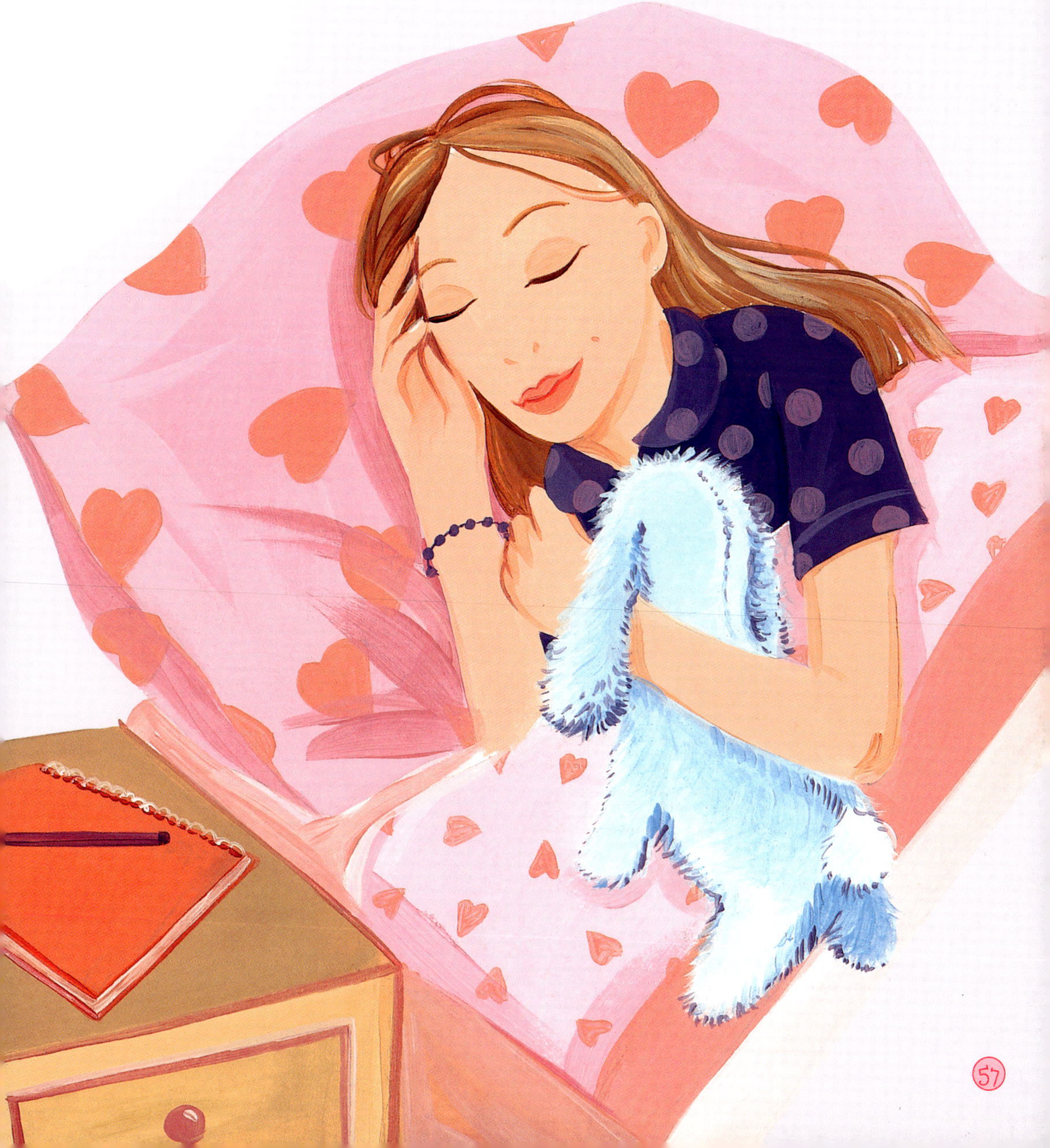

Éléphant Quelque chose d'important dans ta vie a été oublié.

Fantôme Cela représente quelque chose ou quelqu'un qui est parti mais que tu n'as pas oublié. Il est encore présent dans ton esprit.

Feu Rêver du feu signifie que tu luttes pour prendre le contrôle sur quelque chose. Essaie de découvrir ce que ça peut être.

Hélicoptère Tu désires faire quelque chose rapidement.

Hibou Cela signifie la connaissance. Écoute ce que te dit le hibou!

Jardin Si c'est un jardin malpropre et en désordre, c'est que tu as une mauvaise image de toi-même. Si le jardin est bien entretenu, tu as une haute estime de toi-même.

Laideur Si tu rêves que tu es laide, il est temps de relancer ton estime personnelle!

Manger Si tu rêves que tu manges, essaie de te détendre à propos de quelque chose qui t'inquiète beaucoup.

Marcher Si tu rêves que tu marches, cela signifie que tu dois te préoccuper de la route à prendre pour arriver à destination! Cela peut vouloir dire que tu te compliques la vie plus qu'elle ne doit l'être.

Mariage Tu prends un engagement quelconque dans ta vie. La façon dont se passe le mariage dans ton rêve indique comment se passera cet engagement.

Mentir Tu te sens honteuse de quelque chose qui s'est passé.

Miroir C'est la porte vers un monde mystique. Ton imagination est débridée.

Mort Cela correspond à un renouveau dans ta vie.

Nudité Rêver que tu es nue montre que même des gens qui ont confiance en eux —comme toi—peuvent être gênés.

Océan Tu te sens très créative.

Ours Quelqu'un parmi tes proches a mauvais caractère!

Parler en public Tu as l'impression que des gens furètent dans tes affaires pour découvrir quelque chose que tu veux leur cacher.

Quitter Quitter une chose dans un rêve signifie que tu n'es pas heureuse de la manière dont se déroule ta vie.

Rayons X Tu aimerais que quelqu'un connaisse tes pensées intimes!

Réveille-matin Tu sens que le temps passe trop vite.

Rire Rire en rêve signifie que tu laisses aller de profondes émotions.

Royauté Si tu rêves de royauté, tu espères avoir plus de puissance dans ta vie.

Séparation La façon dont tu réagis en rêve lorsque tu es séparée de quelqu'un montre tes vrais sentiments à l'égard de cette personne. Est-ce que ça te dérange que vous soyez séparés ou pas du tout?

Sous l'eau Tu voudrais échapper à la réalité!

Sports d'équipe Tu voudrais être une légende du sport!

Tourment Si quelqu'un dans un rêve te tourmente, cela signifie que tu nies quelque chose.

Vautour Si tu vois un vautour en rêve, cela peut signifier que tu te sens parfois esseulée.

Violence Si tu es agressive en rêve, cela signifie que tu te sens frustrée.

Zèbre Tu as l'impression d'avoir deux personnalités.

Qu'est-ce qui se cache derrière un nom ?

Selon la science de la numérologie, les nombres peuvent t'apprendre à te connaître. Le test de numérologie le plus simple consiste à transformer ton nom en chiffres que tu pourras ensuite utiliser pour découvrir ta personnalité. Essaie avec ton propre nom, puis sers-toi des noms de ta famille et de tes amis et même celui de ton amoureux. Les maths n'auront jamais été aussi amusantes!

1. Écris d'abord ton nom et ton prénom. Pour chaque lettre, jette un coup d'oeil sur le tableau ci-dessous pour trouver le chiffre qui lui correspond. Inscris les chiffres. Par exemple, quelqu'un qui s'appelle Ann Smith serait :
   Ann : 1, 5, 5
   Smith : 1, 4, 9, 2, 8

1	2	3	4	5	6	7	8	9
A	B	C	D	E	F	G	H	I
J	K	L	M	N	O	P	Q	R
S	T	U	V	W	X	Y	Z	

2. À présent, additionne les chiffres de chaque nom :
Ann : 1+5+5 = **11**
Smith : 1+4+9+2+8 = **24**

3. Ensuite, sépare tous les chiffres en nombres individuels. Additionne ces nombres :
Ann : 11 = **1 + 1 = 2**
Smith : 24 = **2 + 4 = 6**

4. Additionne les deux chiffres qui te restent, ils donneront un seul nombre pour ton nom au complet.
Ann Smith : **2 + 6 = 8**

5. Si tu obtiens un chiffre double, comme 24, fractionne-le et additionne les deux nombres jusqu'à ce que tu obtiennes un chiffre simple (donc si tu as 24, tu additionneras 2 + 4 = 6). À présent, regarde ce que ça signifie !

Si ton chiffre est :

1 Tu es ambitieuse et tu n'aimes pas que quelqu'un te dise quoi faire. Tu iras loin dans la carrière que tu choisiras.

2 Tu coopères bien et tu sais toujours exactement quoi dire au bon moment. Tu aimes analyser les gens et les situations, et tu es une amie formidable.

3 Tu souris toujours et tu aimes voir le bon côté de la vie.

4 Tu es pratique et tu songes toujours à une solution même dans les situations désagréables.

5 Tu es fascinée par le monde mystique et tu adores l'explorer. Tu voyageras beaucoup durant ta vie.

6 Tu es soucieuse du bien-être des autres et tu penses toujours à tes amis. Tu attires les gens par ton empathie.

7 Tu es très calme et spirituelle. Tu aimes passer du temps seule et certaines personnes te croient excentrique !

8 Tu sais ce que tu veux et tu prends de bonnes décisions. Attention de ne pas être arrogante.

9 Certaines personnes te jalousent parce que tu sembles exceller en tout ! Mais ne t'en fais pas, elles finiront par se rendre compte que tu te soucies du bien-être des autres.

Ton avenir dans une tasse de thé

La prochaine fois que tu recevras une amie, fais-lui une tasse de thé. Tu auras plus qu'une boisson rafraîchissante ; tu auras un moyen de voir dans l'avenir ! La lecture du thé est une façon de décoder l'avenir en décelant dans les formes des feuilles leur signification. Cet art se pratique tout autour du monde depuis plus de mille ans. On croit que son origine vient de Chine, là où la culture du thé se pratique depuis des siècles. Essaie-le !

Pour lire les feuilles de thé, tu dois utiliser du thé en feuille et non en sachet. Mets-le dans une tasse et verse de l'eau bouillante. Si tu n'as pas de thé en feuilles, ouvre un sachet de thé et fais-en infuser les feuilles. Pour lire l'avenir d'une personne, tu dois d'abord attendre qu'elle ait fini de boire son thé. Demande-lui de laisser un peu de thé dans le fond de sa tasse. Ensuite, suis ces simples instructions.

1. Tiens la tasse dans ta main et fais tourner le liquide qui se trouve au fond de la tasse trois fois.

2. Retourne la tasse à l'envers dans une soucoupe. Laisse-la ainsi pendant une minute pour que le liquide s'en écoule.

3. Remets la tasse à l'endroit, la poignée dans ta direction.

4. Tu es prête à commencer ta lecture! Travaille dans le sens des aiguilles d'une montre tout autour de la tasse, en commençant par la poignée. Tous les symboles que tu vois du côté gauche ont rapport au passé. Tous ceux que tu vois à droite se passeront dans l'avenir.

5. Décode ce que tu vois grâce au guide facile des symboles aux pages 64–65.

Abeille Attention au commérage.

Agneau Tu es timide.

Ancre Tu trouveras bientôt la solution à un problème.

Anneau Amitié ou amour durable en vue !

Arbre Tu atteindras un but.

Arc-en-ciel Tout ira mieux.

Cerf-volant Prends une chance !

Cerise C'est le symbole de l'amour, soit dans ton avenir soit dans ton passé.

Chapeau Un visiteur pourrait arriver avec un cadeau.

Chat De la chance à la maison.

Ciseaux Débarrasse-toi de ce qui est vieux pour faire de la place au nouveau.

Clé Tu auras bientôt une nouvelle passion.

Clou Quelqu'un n'a pas été gentil envers toi.

Coeur L'amour est tout près !

Collier Quelqu'un de ta famille changera ton avenir.

Fermeture éclair Sois équitable en amour.

Flèche Si elle pointe vers le haut, cela signifie la chance. Si elle pointe vers le bas, un événement que tu as planifié pourrait mal se passer.

Feuille La santé et la chance sont en route.

Fleur Une grande joie se prépare.

Génie Un désir se réalisera. Attention à ce que tu souhaites !

Guêpe Tu pourrais avoir des difficultés avec tes amis.

Guitare La musique peut mener à l'amour !

Hibou De tristes nouvelles te rendront plus sage.

Homme Tu auras un visiteur masculin.

Insecte Quelque chose t'inquiétera.

Libellule Tu auras de nouveaux vêtements bientôt !

Licorne Tu pourrais bien avoir des pouvoirs paranormaux !

Lune Une histoire d'amour commencera ou se terminera bientôt.

Main Un nouvel ami t'aidera.

Méduse Méfie-toi d'une personne de ton entourage.

Oeil Sois prudente dans tes relations.

Oeuf Tu auras bientôt plus d'argent.

Oignon Tu es sur le point de découvrir un secret.

Oiseau De bonnes nouvelles s'en viennent.

Palmier Tu seras bientôt très créative.

Parapluie Tu recevras un généreux cadeau.

Point d'interrogation Agit avec prudence.

Poire Tout ton dur travail sera récompensé.

Porte Tu manqueras une occasion.

Reine Tu rencontreras une femme spéciale.

Roue Un voyage à l'horizon.

Soulier Quelqu'un te montrera ses vraies couleurs.

Téléphone Tu recevras un téléphone important.

Vase Un ami te demandera ton avis.

Vigne Des amis seront honnêtes avec toi.

Violon Quelqu'un que tu connais se plaint continuellement.

Visage Un changement se produira dans ta vie.

Yacht Tes ennuis d'argent sont terminés.

Le royaume des

Si tu as l'estomac dans les talons, tu es au bon endroit ! Cette section est remplie de délicieuses collations et boissons à préparer et à dévorer avec des amies. Elles sont toutes faciles à préparer, certaines cuisent à peine quelques minutes au four à micro-ondes, d'autres n'ont besoin d'aucune cuisson.

> **Avant de commencer à cuisiner, vérifie ces quelques règles de sécurité :**
> - Demande toujours la permission à un adulte avant d'utiliser la cuisine.
> - Utilise des poignées ou des gants de cuisinier avant de retirer quoi que ce soit du four à micro-ondes.
> - Demande de l'aide lorsque tu coupes des fruits ou des légumes.
> - Protège tes vêtements avec un tablier.
> - Lave-toi les mains avant de préparer des aliments.
> - Nettoie et range tout lorsque tu as terminé.

grignotines !

Fondue au chocolat

Des fruits trempés dans du chocolat, c'est facile à faire, ça impressionne et c'est absolument délicieux. Et puisqu'il y a des fruits dans cette recette, ça doit être bon pour toi, n'est-ce pas? Tu ferais mieux d'utiliser des fruits qui sont faciles à tenir, comme du raisin, des fraises ou des cerises. Si tu utilises des fruits plus gros, comme une banane ou une pomme, coupe-les d'abord en morceaux. Et ne t'arrête pas aux fruits! Tu peux aussi tremper des bretzels, des croustilles, des fruits secs; en fait, à peu près tout ce qui gardera sa forme et aura bon goût une fois enrobé de chocolat.

Tu auras besoin :

- des fraises, des cerises, des bananes, ou n'importe quel autre fruit, plus des bretzels, des biscuits, des guimauves et/ou des fruits secs tels des abricots
- 1 tasse de pépites de chocolat mi-amer
- un bol à micro-ondes
- une cuillère en bois
- une plaque à biscuits
- du papier ciré
- pour la décoration : des éclats de sucre candy ou de chocolat, des flocons de chocolat blanc ou noir, de la noix de coco en poudre, des pépites de chocolat ou n'importe quoi d'autre que tu peux saupoudrer.

POUR UNE QUANTITÉ DE 15-20 MORCEAUX TREMPÉS

1. Rince les fruits sous l'eau puis essuie-les délicatement avec des serviettes en papier. Les fruits doivent être bien secs sinon le chocolat fondu n'y adhérera pas. Coupe les plus grands fruits en morceaux.

2. Couvre la plaque à biscuits de papier ciré.

3. Place les pépites de chocolat dans le bol et mets-les au four à micro-ondes à puissance élevée pendant 1 ½ minute. Fais bien attention en sortant le bol et mélange le contenu. Si le chocolat n'est pas complètement fondu, remets-le au four à puissance élevée pendant 30 secondes de plus. Ressors-le, mélange-le et si le chocolat n'a toujours pas fondu, remets-le de nouveau au four à micro-ondes à puissance élevée durant 20 secondes de plus. Attention de ne pas trop cuire, car le chocolat risque de brûler.

4. Trempe tes morceaux dans le chocolat, un à la fois. Tiens le morceau au-dessus du bol jusqu'à ce que le chocolat ne dégoutte plus, puis place-le sur le papier ciré.

5. Saupoudre le morceau enrobé de chocolat de ta décoration favorite avant que le chocolat ne durcisse.

6. Continue de la même manière avec les autres morceaux. Lorsque tu as terminé, place-les au frigo pendant dix minutes ou jusqu'à ce que le chocolat durcisse.

Bol de fleurs glacées et cubes

Ce bol de fleurs glacées est parfait pour une fête, que ce soit pour deux ou pour vingt invités. Et en plus, tu n'as même pas besoin de le nettoyer ; tu les laisses simplement fondre ! Les cubes de glace sont super dans des boissons fraîches pendant une chaude journée d'été. Au fur et à mesure qu'ils fondent, leurs petits pétales et leurs herbes s'échappent dans ta boisson pour la parfumer. Si tu fabriques le bol de glace pour une fête, commence à le préparer cinq ou six heures avant que les invités arrivent.

Pour le bol de fleurs tu auras besoin :

- 1 petite poignée de pétales de rose fraîches
- 1 petite poignée de menthe fraîche
- 2 bols, qui vont l'un dans l'autre (Le plus petit bol devrait avoir un diamètre d'environ 5 cm de moins que le plus grand)
- de l'huile végétale ou un anti-adhésif à cuisson en aérosol
- de l'eau froide
- des fruits frais à manger.

1. Rince les pétales de rose et la menthe sous le robinet.

2. Verse un peu d'huile sur une serviette de papier pour enduire *l'intérieur* du grand bol et à *l'extérieur* du petit bol. Ou vaporise les deux surfaces avec un anti-adhésif à cuisson en aérosol.

3. Laisse tomber les pétales de rose et les feuilles de menthe dans le plus grand bol. Verses-y de l'eau froide jusqu'à ce qu'elle atteigne un tiers de la hauteur du bol.

4. Place le plus petit bol dans le plus grand de manière que l'eau et la menthe, et les pétales de rose soient pris en sandwich entre les deux. (si tu utilises des bols en plastique, place quelque chose de lourd dans le petit bol afin de le maintenir en place.)

5. Place les bols au congélateur. Laisse le tout pendant environ cinq heures ou jusqu'à ce que l'eau soit gelée.

6. Attends que tes invités arrivent. Enfin sors les bols du congélateur. Laisse-les reposer pendant quelques minutes à température ambiante, jusqu'à ce que la glace commence à fondre légèrement. Sépare très délicatement les bols pour découvrir ton bol de glace.

7. Essuie l'huile et place le bol de glace sur une assiette. Remplis-le de fruits frais et apporte-le immédiatement. Le bol de glace va finir par fondre, mais il va certainement tenir le temps du dessert !

Pour les cubes de glace tu as besoin :

- 1 petite poignée de pétales de fleurs comestibles (rose, pensée, souci et capucine, par exemple) ou des herbes (la menthe est particulièrement agréable)
- un bac à glaçons
- de l'eau froide.

1. Rince les pétales ou les herbes dans l'eau.

2. Assure-toi que le bac à glaçons est propre et vide. Place un ou deux pétales ou des feuilles dans chaque compartiment à glaçon.

3. Remplis le bac à glaçons avec de l'eau.

4. Place le bac dans le congélateur pendant deux ou trois heures ou jusqu'à ce que l'eau soit gelée.

5. Mets un cube ou deux dans chaque verre. Remplis les verres avec ta boisson favorite, et sers-les !

Super Cocktails

Prépare des cocktails délicieux et sains en suivant l'une des recettes ci-dessous. Mets simplement tous les ingrédients dans un mélangeur ou un robot culinaire et mixe le tout jusqu'à ce que tu obtiennes un mélange crémeux. Verse-le dans un verre refroidi au congélateur. Il ne te reste plus qu'à déguster !

Cocktail à l'orange
1 tasse de lait
1 tasse de jus d'orange
2 cuillères à soupe de sucre
2 boules de crème glacée à la vanille

Cocktail à l'orange et à la banane
2 tasses de jus d'orange
1 banane coupée en tranches

Cocktail à la fraise
10 onces de fraises, soit fraîches, soit surgelées et décongelées
4 tasses de lait
2 tasses de crème glacée à la fraise

Cocktail de fruits
1 boîte de cocktail de fruits sans leur jus
1 tasse de jus d'orange
1 tasse de jus de canneberge

Cocktail de framboises et de pêches
1 tasse de pêches, pelées et coupées en tranches, soit en boîte soit fraîches
2 tasses de lait
1 tasse de framboises surgelées et décongelées
1 cuillère à café d'amandes râpées

Chaque recette donne 3 cocktails

Merveilles au maïs soufflé

Ces recettes de maïs soufflé sont super faciles à faire et sont parfaites comme grignotines. Comme tu auras les mains collantes en les faisant, protège-toi avec un tablier avant de commencer.

Barres de maïs soufflé aux noix

Tu auras besoin :

- de l'huile végétale ou un anti-adhésif à cuisson en aérosol
- un plat à four de 33 x 23 cm
- un couteau
- ½ tasse de fruits secs (comme des cerises, des abricots ou des raisins)
- 6 tasses de mini guimauves
- 1 tasse de pépites de chocolat semi-amer
- 6 cuillères à soupe de beurre ou de margarine
- un grand bol à micro-ondes
- une cuillère en bois
- 10 tasses de maïs soufflé (ou 1 sac de maïs soufflé au four à micro-ondes)
- 1 tasse de cacahuètes salées
- 1 cuillère à soupe d'extrait de vanille.

Pour une quantité de 12-15 barres

1. Verse un peu d'huile sur une serviette en papier et frotte légèrement le plat à four pour le graisser. Ou vaporise le plat avec un anti-adhésif à cuisson en aérosol.

2. Coupe les fruits secs en petits morceaux.

3. Place les guimauves, les pépites de chocolat et le beurre ou la margarine dans le bol. Mets au four à micro-ondes à puissance élevée pendant 1 ½ minute. Retire le bol et mélange. Remets au micro-ondes à puissance élevée 30 secondes de plus. Sors le bol et mélange. Continue à cuire par intervalles de 30 secondes et à mélanger jusqu'à ce que la mixture soit fondue et crémeuse.

4. Ajoute en continuant à mélanger le maïs soufflé, les cacahuètes et l'extrait de vanille. Laisse refroidir pendant une minute. Mets la préparation dans le plat à four, en utilisant tes mains pour bien la tasser. Pour que la préparation ne colle pas à tes mains, mouille-les d'abord à l'eau froide.

5. Insère délicatement les fruits secs hâchés sur la surface de la préparation.

6. Laisse refroidir à température ambiante pendant environ une heure. Coupe en 12 à 15 barres et dispose-les sur une assiette.

Barres de maïs soufflé à la cannelle

Tu auras besoin :

- de l'huile végétale ou un anti-adhésif à cuisson en aérosol
- un plat à four de 33 x 23 cm
- 6 cuillères à soupe de beurre ou de margarine
- 6 tasses de mini guimauves
- une cuillère en bois
- un grand bol à micro-ondes
- 10 tasses de maïs soufflé (ou 1 sac de maïs soufflé au micro-ondes)
- 1 cuillère à café de cannelle.

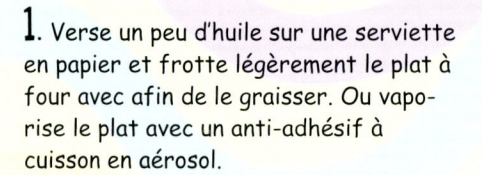

Pour une quantité de 12-15 barres

1. Verse un peu d'huile sur une serviette en papier et frotte légèrement le plat à four avec afin de le graisser. Ou vaporise le plat avec un anti-adhésif à cuisson en aérosol.

2. Mélange le beurre ou la margarine avec les guimauves dans le bol. Mets au four à micro-ondes à puissance élevée pendant 1 ½ minute, puis mélange. Si la mixture n'est pas assez fondue, remets-la au micro-ondes par périodes de 30 secondes, puis mélange jusqu'à ce que le tout soit crémeux.

3. Ajoute le maïs soufflé et la cannelle à la préparation de guimauve et mélange jusqu'à ce que le maïs soufflé soit recouvert. Place la préparation dans le plat à four graissé, en utilisant tes mains pour bien tasser (pour que la mixture ne colle pas à tes mains, mouille-les d'abord à l'eau froide).

4. Laisse refroidir à température ambiante pendant environ une heure. Puis coupe en 12 ou 15 barres et dispose-les sur une assiette.

Maïs soufflé au caramel

Tu auras besoin :

- de l'huile végétale ou de un anti-adhésif à cuisson en aérosol
- un plat à four de 33 x 23 cm
- 1/3 tasse de beurre ou de margarine
- 1/3 tasse de beurre ou de sirop de glucose
- 2/3 tasse de sucre brun
- un grand bol à micro-ondes
- une cuillère en bois
- 1/4 cuillère à café de bicarbonate de soude
- 1/2 cuillère à café de cannelle
- 10 tasses de maïs soufflé (ou 1 sac de maïs soufflé au micro-ondes).

DONNE ENVIRON 30 BOUCHÉES DE MAÏS SOUFFLÉ

1. Verse un peu d'huile sur une serviette en papier et frotte légèrement le plat à four pour le graisser. Ou vaporise le plat avec l'anti-adhésif à cuisson en aérosol.

2. Mets la margarine ou le beurre dans le bol et mets-le au micro-ondes à puissance élevée pendant 45 secondes. Si le beurre n'est pas fondu, remets-le au micro-ondes à puissance élevée par périodes de dix secondes jusqu'à ce qu'il soit fondu.

3. Retire le bol du micro-ondes. Mélange le sirop de glucose et le sucre et remue bien. Mets le tout au micro-ondes à puissance élevée jusqu'à ce que la mixture commence à bouillonner (environ 1 1/2 minute).

4. Retire le bol en faisant attention et mélange bien. Mets au micro-ondes à puissance élevée trois minutes de plus, puis mélange le bicarbonate de soude et la cannelle.

5. Ajoute le maïs soufflé et mélange. Puis mets au micro-ondes à 70 % de puissance une minute de plus.

6. Mélange de nouveau pour couvrir entièrement le maïs soufflé, puis verse la préparation dans un plat à four graissé et laisse refroidir à température ambiante pendant environ une heure. Casse en morceaux de la taille d'une bouchée et sers-les sur une assiette.

Boules d'énergie

Essaie ces boules à mâcher lorsque tu as besoin d'un petit remontant rapide. Elles sont remplies de choses saines et délicieuses comme des abricots secs et du miel. Miam !

Tu auras besoin :

- des ciseaux de cuisine
- 12 à 15 abricots secs
- ¼ tasse de miel
- ⅛ tasse d'huile végétale
- un bol à micro-ondes
- une assiette ou un plat à micro-ondes
- une cuillère en bois
- ½ tasse de flocons d'avoine
- ¼ tasse de cacahuètes (facultatif)
- une cuillère à soupe.

POUR FAIRE ENVIRON **15** BOULES

1. Avec des ciseaux de cuisine, coupe les abricots en petits morceaux.

2. Mélange le miel et l'huile végétale dans le bol. Mets au micro-ondes à puissance élevée pendant 30 secondes. Mélange bien.

3. Ajoute les abricots, l'avoine et les cacahuètes (si tu en veux) dans la mixture. Mélange encore.

4. Place le mélange par cuillerées sur une assiette ou un plateau en les espaçant de quelques centimètres. Mets à « cuire » au micro-ondes à puissance élevée pendant 30 secondes.

5. Laisse les boules refroidir et se solidifier à température ambiante avant de les servir.

79

Tarte Rocky Road

Il est difficile de ne pas goûter à ce fabuleux mélange moussant et collant avant de le congeler. Mais sois patiente ; cette tarte est encore meilleure lorsqu'elle est fraîchement sortie du congélateur et qu'elle fond légèrement à température ambiante.

Pour la croûte de la *tarte* tu auras besoin :

- 20 biscuits Graham
- un grand sac en plastique
- un rouleau à pâtisserie
- un torchon
- 6 cuillères à soupe de beurre
- 3 cuillères à soupe de sucre
- un bol à micro-ondes
- une cuillère en bois
- un plat rond ou une assiette à tarte de 23 centimètres.

1. Place les biscuits Graham dans un sac. Tiens le haut du sac fermé à l'aide d'une main et de l'autre, écrase les biscuits avec le rouleau à pâtisserie (protège le plan de travail avec un torchon avant de commencer). Tu as terminé lorsque tout ce qui est dans le sac est en miettes.

2. Place le beurre dans le bol et mets-le au micro-ondes à puissance élevée pendant 1 ½ minute jusqu'à ce qu'il soit fondu. Si le beurre n'est pas entièrement fondu, remets-le au micro-ondes à puissance élevée par périodes de 15 secondes jusqu'à ce qu'il soit fondu.

3. Ajoute les miettes de biscuits Graham et le sucre au beurre. Mélange bien.

4. Place la mixture dans l'assiette à tarte, en couvrant tout le fond et les côtés. Laisse le plat dans le frigo jusqu'à ce que tu aies terminé la garniture.

Pour la garniture tu auras besoin :

- 1 ½ tasse de lait végétal semi-écrémé
- un grand bol
- 1 paquet de mélange à pudding au chocolat
- un fouet
- une spatule
- 3 ¼ tasses de crème fouettée
- ⅓ tasse de pépites de chocolat mi-sucré
- ⅓ tasse de mini guimauves
- ⅓ tasse de noix de cajou.

1. Verse le lait semi-écrémé dans le bol. Ajoute le mélange de pudding au chocolat et bats-le au fouet jusqu'à ce que l'ensemble soit bien homogène.

2. En utilisant la spatule, ajoute la crème fouettée, les pépites de chocolat, les guimauves et les noix de cajou. Mélange le tout à la spatule.

3. Verse le mélange dans la croûte de tarte préparée. Place au congélateur pendant au moins deux heures avant de servir.

Patates faciles à cuire

Les patates sont un plat parfait; elles sont riches en vitamine C et sont de bonnes sources de fibres. Elles servent également de base aux mets que tu préfères le plus au monde! Suis les directives ci-dessous pour cuire des patates au micro-ondes, puis choisis une garniture à la page 83. Ou prépare un « plateau à garnitures » et laisse chaque personne se servir comme elle veut!

Tu auras besoin:

- 1 grosse patate par personne (tu peux en cuire 3 ou 4 à la fois)
- une fourchette
- un couteau
- des poignées ou des gants de cuisinier.

1. Nettoie bien les patates et perfore-les à plusieurs endroits avec une fourchette.

2. Place-les directement sur le plateau du four à micro-ondes ou dans une assiette.

3. Fais-les cuire au micro-ondes à puissance élevée pendant 4 minutes. En utilisant des gants de cuisinier, retourne les patates. Remets au micro-ondes à puissance élevée trois minutes de plus.

4. Pour vérifier si une patate est prête, plante une fourchette dedans. Si la fourchette pénètre facilement, la patate est cuite. Si elle n'est pas prête, remets au micro-ondes à puissance élevée par périodes de 30 secondes jusqu'à ce qu'elle soit tendre.

5. En utilisant des gants de cuisinier, retire les patates. Coupe-les en moitiés et ajoute ta garniture.

Fais comme si c'était une pizza
Recouvre la patate de ta sauce à spaghetti favorite et de fromage. Place au micro-ondes à puissance élevée pendant 60 secondes pour réchauffer.

Mama mexicaine
Verse des haricots noirs et du fromage râpé sur la patate, puis ajoute une cuillère de salsa. Place au micro-ondes à puissance élevée pendant 60 secondes pour réchauffer.

Simplement fromage!
Saupoudre la patate d'une ou de plusieurs sortes de fromages râpés. Place au micro-ondes à puissance élevée pendant 30 secondes ou jusqu'à ce que le fromage soit fondu.

Bien rempli
Évide la patate et garde la peau à part, puis mets la patate dans un bol. Ajoute dans le bol une cuillère à soupe de margarine ou de beurre, un peu de lait ou de crème, du sel et du poivre. Mélange le tout, puis remplis la peau de la patate avec le mélange obtenu.

Léger et sain
Trempe ta patate dans de la salsa. Plus c'est chaud, plus c'est bon!

Presque de la salade
Ajoute des carottes râpées, des tomates tranchées, de l'ail, du sel et du yogourt sur la patate.

84

Créations artisanales

Tu as un peu de temps libre ? Tes doigts ont envie de faire autre chose que d'envoyer des messages instantanés à tes amis ? Ces projets faciles se font en claquant des doigts à l'aide de ressources que tu trouveras probablement dans la maison. Invite une amie, prépare queques grignotines (consulte les pages 66-83) et amusez-vous ! Ou, si tu préfères la tranquillité et la solitude, mets tes CD favoris et profite de ce moment d'artisanat en solo.

Collage de l'amitié

Voici une manière artistique de conserver tes souvenirs et de donner de l'allure aux murs de ta chambre. Si tu possèdes une caméra numérique et une imprimante, prends des photos de toi et de tes amies lorsque vous sortez ou même lors d'un événement comme ton treizième anniversaire. Ou rassemble simplement les photos et souvenirs que tu possèdes déjà.

DURÉE : environ une heure

Tu auras besoin :
- photos et souvenirs
- tableau d'affichage coloré
- papier construction
- ciseaux
- bâton de colle
- colle d'artisanat
- peinture colorée ou crayons feutre
- éléments décoratifs comme des paillettes, des pierres, des rubans, du tissu, des plumes, des découpes de magazine, des messages de biscuits chinois, de fausses fleurs, des boutons, tout ce qui pourrait te rappeler tes amis et les bons moments que te rappellent ces photos.
- serviettes de papier.

1. Rassemble les photos et les souvenirs. Si tu ne veux pas découper les photos, apporte-les dans un magasin où on fait des photocopies et fais des photocopies couleur.

2. Étale le tableau d'affichage à plat. Découpe des formes à partir du papier construction pour faire un arrière-plan intéressant.

3. Dispose les photos et souvenirs à l'arrière-plan. Déplace-les jusqu'à ce que tu aimes l'arrangement que tu as fais.

4. Sans déranger ton design, ramasse chaque photo, une à la fois et colle-les à l'aide du bâton de colle. Utilise de la colle d'artisanat pour les objets plus gros en 3 dimensions. Essaie de laisser quelques éléments (comme les messages des biscuits chinois ici) dépasser aux extrémités afin d'ajouter de la texture au collage. Utilise des serviettes de papier pour essuyer l'excès de colle. Laisse sécher.

5. À présent, laisse aller toute ta folie! Colle des pierres du Rhin, des pierres à fond plat, des fleurs, des plumes, tout ce qui te rappelle les amis ou les événements « croqués » sur tes photos. Ajoute des dessins en paillette ou au crayon métallique. Dessine des bulles de dialogue ou achète celles qu'on utilise pour les albums photo pour ajouter des mots et des phrases amusants. Utilise ton imagination, fais tout ce que tu veux! Lorsque tu as terminé, laisse sécher toute une nuit.

Bracelets des meilleures amies

DURÉE : environ 20 minutes

Fabrique plusieurs de ces bracelets pour tes meilleures amies dans leurs couleurs préférées. Elles pourront les porter au poignet ou, un peu plus longs, comme bracelet de cheville.

BEAUTÉ TRESSÉE

Tu auras besoin :
- 3 trois longueurs de minces rubans de satin de couleurs différentes, chacun de 40 cm de longueur.
- épingle de sûreté.

1. Attache les trois longueurs de ruban ensemble en formant un nœud à environ 8 cm de l'extrémité.

2. Pousse une épingle de sûreté par le nœud et attache-la à un coussin ou à la jambe de ton jean afin que les rubans demeurent tendus.

3. Voici comment tresser : passe le ruban de gauche (le rose) par dessus celui du milieu (le rouge) et sous le ruban de droite (turquoise).

4. À présent, répète l'étape 3, en commençant par le ruban qui se trouve maintenant à gauche.

5. Continue à tresser ainsi jusqu'à ce que le bracelet soit assez long pour que tu puisses l'attacher autour du poignet de ton amie. Fixe les bouts avec un nœud et coupe ce qui dépasse.

« Bling-bling » à perles

Tu auras besoin :

- 1 longueur de fil à broderie pour nouer, de 150 cm de longueur
- 2 longueurs de fil à broderie pour le cœur, chacune de 50 cm de longueur
- épingle de sûreté
- perles.

1. Fais un nœud à l'un des bouts avec les trois fils.

2. Pousse une épingle de sûreté par le nœud et attache-la à un coussin ou à la jambe de ton jean afin que les fils demeurent tendus.

3. Tiens les fils du centre dans ta main droite et le fil à nouer dans ta main gauche. Passe le fil à nouer sous les fils du centre, autour de la partie du haut, puis repasse dans la boucle que tu as faite. Tire cette boucle en serrant par-dessus le dessus des fils.

4. Répète l'étape 3. Continue jusqu'à ce que ton bracelet soit assez long. Les fils commenceront à se tordre à mesure que tu travailles.

5. De temps en temps, glisse une perle dans les fils du centre et continue à faire des nœuds comme d'habitude. La perle fera partie du bracelet.

6. Finis en attachant un nœud à l'extrémité du bracelet. Attache le bracelet autour de ton poignet ou de ta cheville et coupe les extrémités.

Gros bijoux

Ta mère a-t-elle un tiroir rempli de bijoux qu'elle ne porte plus? Plutôt que de laisser ces trésors ramasser la poussière, utilise-les pour créer de nouvelles pièces magnifiques. Voici deux idées pour redonner vie à des perles colorées : un long collier de perles et un pendentif coloré et super original.

DURÉE :
environ
10 minutes

Pour chaque design, tu auras besoin :

- une longue ficelle de cuir, un ruban ou un gros fil de 1 mètre de longueur
- perles assorties.

Pour fabriquer un long collier de perles :

1. Dispose les perles sur une table. Déplace-les pour trouver un agencement que tu aimes.

2. Décide où tu veux la première perle. Fais un nœud à cet endroit sur le cordon. Glisse la perle sur le cordon en t'arrêtant au nœud. Fais un deuxième nœud de l'autre côté de la perle pour qu'elle demeure en place.

3. Déplace-toi le long du cordon et fais la même chose avec une autre perle. Continue jusqu'à ce que toutes les perles aient été enfilées.

4. Attache les deux bouts du cordon et glisse-le par-dessus ta tête.

Pour fabriquer un long pendentif de perles :

1. Dispose les perles que tu veux utiliser sur une table. Déplace-les pour trouver un agencement que tu aimes.

2. Enfile la première perle sur le cordon. Tiens les deux bouts du cordon et laisse la perle se placer au centre. Fais un nœud par-dessus la perle pour la maintenir en place.

3. Passe *les deux bouts* du cordon à travers le reste des perles, une à la fois. Laisse-les tomber au-dessus de la première perle. Fais un nœud pour qu'elles restent en place.

4. Assure-toi de laisser 33 cm de cordon pour pouvoir glisser le pendentif par dessus ta tête. Fais un nœud au bout libre du cordon et le pendentif est prêt à être porté.

Cadre super

Voici une façon rapide et simple de transformer un cadre ordinaire en quelque chose de très spécial. Assure-toi que tu fais le tour en carton plus grand pour que l'original soit entièrement recouvert.

DURÉE: environ une demi-heure

Tu auras besoin:

- cadre simple
- morceau de carton plus grand que le cadre
- crayon
- règle
- ciseaux
- peinture
- pinceau
- colle forte (pour rattacher le carton au cadre)
- colle d'artisanat
- paillettes
- choses pour décorer ton cadre, comme de la colle brillante, des pierres, des pierres du Rhin, des collants, des découpes de revues, etc.

1. Dépose le cadre dans le centre du morceau de carton et trace tout le tour. Puis, mesure la largeur du rebord du cadre et trace-le sur le carton aussi.

2. À présent, dessine un nouveau cadre, en utilisant le cadre tracé comme guide. Tu peux faire des coins arrondis, en zig-zag, tortueux—tout ce que tu veux. Si le cadre doit être placé sur une table, attention que le bas soit égal afin qu'il ne tombe bas.

3. Coupe le nouveau cadre, en incluant le centre (où ira la photo). Peins-le puis laisse-le sécher.

4. Colle le cadre de carton sur le cadre original.

5. Décore ton cadre en y collant des paillettes et autres décorations. Tu peux également utiliser des crayons feutre pour ajouter des dessins ou des phrases. Il peut être aussi élégant ou aussi fou que tu le désires ! Laisse-le sécher toute la nuit, puis insères-y ta photo favorite.

Journal souvenir

Transforme un carnet banal en journal romantique pour y inscrire tes pensées secrètes et tes souvenirs. Utilise une photo de ton artiste favori et entoure-la de fleurs et de « diamants ».

Tu auras besoin :

- carnet rose
- paillettes collantes argent ou colle brillante
- ciseaux
- photos de ton artiste favori et fleurs
- bâton de colle.

DURÉE : environ une demi-heure

1. Souligne trois des bords de la couverture de ton carnet de paillettes ou de colle brillante.

2. Dispose les photos sur le carnet.

3. Lorsque tu es satisfaite du design, choisis tes images, une à la fois, et colle-les dans le carnet. Laisse sécher.

4. Remplis ton nouveau journal de notes, de pensées et de rêves !

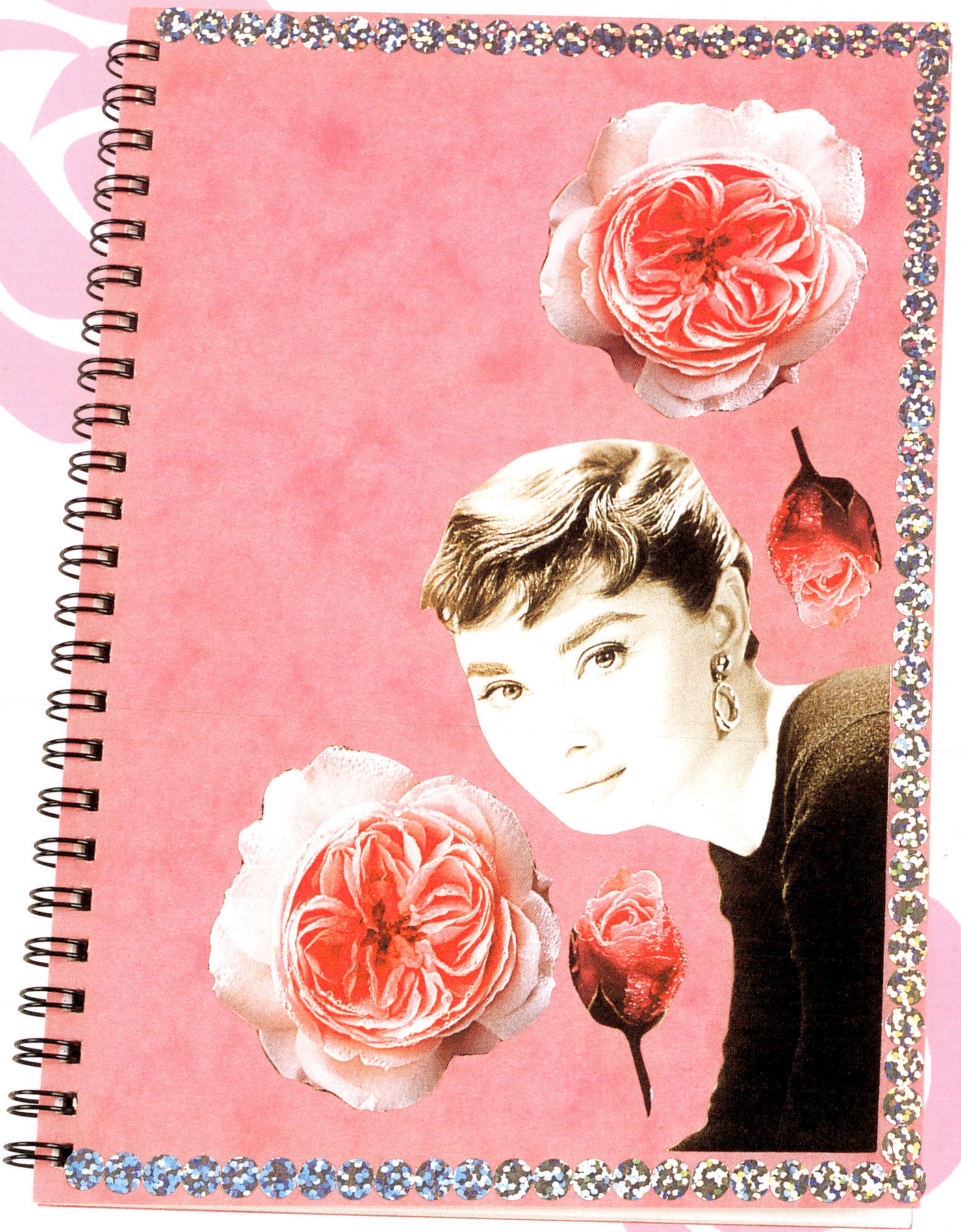

index

Amitié 12-15
Amour 16-17
Astrologie 44-47

Barres de maïs soufflé à la cannelle 76
Barres de maïs soufflé aux noix 75
Beauté tressée 88
Bling-bling à perles 89
Bol de fleurs glacées 70-71
Boules d'énergie 78
Bracelets des meilleures amies 88

Cadre super 92-93
Cocktail à la fraise 73
Cocktail à l'orange 73
Cocktail à l'orange et à la banane 73
Cocktail de framboises
    et de pêches 73
Cocktail de fruits 73
Collage de l'amitié 86-87
Cubes de fleurs glacées 72

Estime personnelle 26-27

Feng shui 40-41
Fondue au chocolat 68-69

Gros bijoux 90-91

Horoscopes 44-47
    chinois 50-53

Journal souvenir 94-95

Maïs soufflé au caramel 77
Maquillage 38-39
Merveilles au maïs soufflé 74

Numérologie 60-61

Parfum 20-21
Patates faciles à cuire 82-83
Penderie, réorganiser 30-31
Pierres de naissance 45-47
    compatibilité 48-49
    couleurs 45-47

Rêves 56-59

Se dorloter 35-37
Soins de la peau 36
Soins des cheveux 36
Super cocktails 73

Tarte Rocky Road 80-81
Ta vie dans tes mains 54-55
Timidité 10-11
Ton avenir dans une tasse
    de thé 62-65

Vêtements, personnaliser 34
    échanger 32-33